느린 열정 · 명인

초판 1쇄 인쇄일 2012년 3월 20일
초판 1쇄 발행일 2012년 3월 27일

지은이 남윤성, 김정승, 곽판주, 강명곤, 남우선, 백운국, 이순철, 황병훈, 이영훈,
　　　 황일묵, 박규현, 박지현, 송인섭, 오승용, 고동진, 김지은, 최시범
기획 MBC 「명인」 제작팀 (청주 MBC, 광주 MBC, 대구 MBC, 춘천 MBC,
　　 울산 MBC, 전주 MBC, 부산 MBC, 대전 MBC, 제주 MBC)

펴낸이 장성순 fountainjss@naver.com
기획편집 조성일, 정희원, 이은영 **교정·교열** 양은희
마케팅 상상 ssmt2012@naver.com
디자인 조정윤 arongmilk@naver.com
사진제공 조영복 **자료조사 및 사진캡처** 강이슬
출력 스크린출력 **인쇄** 하정문화사 **종이** 삼미지업
펴낸곳 해피스토리

주소 서울특별시 마포구 연남동 561-58 1층
전화 02-730-8337 **팩스** 02-730-8332 **이메일** happistory12@naver.com
출판등록 2006년 12월 6일 제 300-2006-174호
홈페이지 http://www.happistory.com

당신의 이야기가 곧 역사입니다.

ISBN　978-89-93225-51-8
　　　978-89-93225-52-5 (세트)
정가 17,000원

※ 잘못된 책은 바꾸어 드립니다.

해피스토리는 출간을 희망하는 분들의 소중한 원고를 기다리고 있습니다. 출간 기획안, 작성된 원고 등 출간을 희
망하는 분들은 happistory11@naver.com 해피스토리 편집국으로 원고를 보내주세요. 해피스토리 편집국은 독자
여러분에게 그 문이 활짝 열려 있습니다. 언제든지 해피스토리에 노크하시면 됩니다.

느린 열정 **명인**

목차

- 추천사
윤정식 청주MBC 사장, 서경주 광주MBC 사장, 박영석 대구MBC 사장,
김재형 춘천MBC 사장, 소원영 울산MBC 사장, 선동규 전주MBC 사장,
김수병 부산MBC 사장, 고대석 대전MBC 사장, 정준 제주MBC 사장

- 책을 펴내며

● 공(空), 우주, 인내와 정성_
　천년의 숨결을 누빌레라, 누비장 김해자　18

- 최초의 누비장이 되다
- 한 땀에 숨결을, 한 땀에 정신을
- 잊힌 그 이름, 손누비
- 어머니의 삶이 만들어낸, 전통 손명주
- 물들다
- 40년의 길, 올곧은 바느질
- 끝나지 않은 도전
- 인고의 세월이 만들어낸 거장
- 누비옷 제작 과정

● 외유내강, 물아일체_
　하늘과 땅의 기운을 품다, 택견 정경화　44

- 죽음의 고비에서 택견을 만나다
- 고구려 시대의 고유 무예

- 부드러움은 강함을 이긴다
- 곡선에 깃든 생명력
- 몸과 마음이 하나가 되는 예술
- 계속되는 택견 전승의 길
- 태평양을 건넌 한국 전통 무예, 택견
- 세계 택견대회에 참가한 외국인들
- 택견의 얼을 잇다

● 진실, 아름다움의 진리는 진실에 있다_
  대한민국 옥 예술의 길을 새기다, 각도인 장주원 72

- 어깨너머의 유혹
- 전설이 되다
- 외면
- 전통
- 옥 종주국의 눈길을 사로잡다
- 꺼지지 않은 불

● 백(白)의 미_천년의 빛, 사기(沙器)장 김정옥 98

- 전통을 빚다
- 인생살이의 한 부분
- 천혜의 땅, 문경
- 삼대(三代)가 한길로
- 피움불
- 흙과 불로 빚어낸 예술
- 세계의 시선, 한곳에
- 도공의 길

● 신명_삶의 축제, 동해안 별신굿 김영희-김용택　126

- 세습무의 맥을 이어오다
- 바다에 바치는 간절한 염원
- 굿 한 판
- 동해안 별신굿이 시작되다
- 굿은 익어간다
- 사람과 신을 잇는 전령
- 축제가 끝난 뒤

● 공감, 절제_소리에 삶을 싣다, 가야금 병창 안숙선　150

- 소릿 길 50여 년
- 국악의 길을 잇는 어머니와 딸
- 싫지 않은 별명, 연습벌레
- 소리 이전에 인품을 가르치다
- 인간문화재의 맥을 잇다
- 슬픈 소리가 달다
- 소리의 원천이 되다
- 소리 길은 계속된다

● 열정_칼의 노래, 승전무 엄옥자　176

- 스물여섯, 인간문화재가 되다
- 승전무의 춤사위
- 인간문화재의 핏줄
- 통영, 그리고 승전무
- 세계를 향하다
- 열정, 멈추지 않는 춤에 대한 사랑
- 새로운 도전, 멈추지 않는 춤의 의지

● 멋_천년살이, 나무의 영혼을 담다, 소목장 박명배   202

- 인연의 시작과 끝
- 단아한 아름다움
- 하늘이 준 용목을 찾아
- 기다림 그 후, 천상의 솜씨
- 기다림 뒤 완벽함
- 1㎜의 차이를 살피는 심미안
- 완벽한 비례
- 대를 이은 우리 가구

● 기원과 축복_
  삶의 신명을 울리다, 제주의 큰심방 김윤수   232

- 삶의 신명을 울리다
- 해학과 연극이 가미된
- 대를 이어온 부부 심방
- 제주 속 심방의 삶
- 심방을 잇기 위하여
- 외국인들과 한바탕 어우러지다
- 사라져가는 심방을 지켜라
- 꽃피는 봄이 오면
- 제주 칠머리당 영등굿 개요

추천사

1. 윤정식 청주MBC 사장

경사스럽고 흥겨운 소식이 몇 가지 들립니다. 그 하나는 MBC 9사가 공동 제작한 『명인』중 택견이 2011년 유네스코 세계무형문화유산으로 등재되었다는 소식입니다. 두 번째는 MBC가 제작한 『명인』이 방송통신심의위원회가 수여하는 '이달의 좋은 프로그램'(2012년 2월)으로 선정되었다는 소식입니다. 이렇게 작품성을 인정받은 명품 다큐멘터리 『명인』을 책으로 출간해 더 많은 사람들과 소통한다는 소식 역시 뿌듯합니다.

다큐멘터리와 책에 등장한 주인공 명인들은, 평생을 올곧이 한 분야에 정진한 분들입니다. 책의 제목처럼 '느린 열정'을 통해 '명인'의 경지에 오른 분들입니다.

빠르게 변하는 세상의 속도에 발맞춰 변해가는 사람들도 있지만, 이 책의 주인공들처럼 한 가지 일에 뜻을 품고 한 가지 일에 천천히 천천히 열정을 만들어가는 사람들도 있습니다.

너무도 빠르게 변하는 세상 속에서 이분들의 삶을 통해, 우리는 진정한 열정과 꿈, 그리고 진정한 변화를 이뤄내는 것이 무엇인지에 대한 생각을 할 수 있을 것 같습니다.

또한 현대 사회를 바삐 살아가는 사람들에게 진정한 아름다움이 무엇인지, 진정한 성공이 무엇인지, 진정한 열정이 무엇인지에 대해 다시 생각해보게 합니다.

전국 곳곳에 숨은 보석 같은 장인들을 발굴해서, 다큐멘터리로 만들었으며 그 후속으로 이렇게 책까지 발간한다는 소식에 반가움이 앞섭니다.

명품 다큐멘터리 『명인』은 지역MBC 9개사가 2010년, 2011년, 2012년 3년에 걸쳐 만들고 있습니다. 명품 다큐멘터리 『명인』을 토대로 만든 책 『명인 - 느린 열정』의 주인공들과 의미 있게 만나보시기 바랍니다.

2. 서경주 광주MBC 사장

아름다움의 진리는 진실에 있습니다. 대한민국 옥 예술의 길을 새긴 각도인 장주원 선생님. 한국적인 옥 예술을 꿈꾸며 살아온 세월이 벌써 50년이 넘었습니다. 그분의 삶과 정신을 광주 MBC가 다큐멘터리로 만들었습니다. 옥공예를 통해 한국의 미를 세계에 알리는 장인의 삶을 통해 우리는 아름다움이란 진실과 맞닿아 있다는 것을 깨닫게 됩니다.

다큐 한 편이 다시 책으로 거듭 태어나니 너무나 반갑고 소중한 일입니다. 다큐멘터리의 감동을 다시 한 번 책으로 느껴보시기 바랍니다.

3. 박영석 대구MBC 사장

도자를 빚는 일이 예술로 인정받지 못하던 시절. 조부도, 아버지도 일본에서 도공들이 찾아와 도예 기술을 배워갈 만큼 뛰어난 도공이었지만 장인은 결코 가난에서 벗어날 수 없었습니다. 그의 집안은 어렵고 가난했습니다. 3대가 한길로 도예의 길에 나섰습니다.

바로 사기장 김정옥 선생님의 이야기입니다. 흙과 불로 빚어낸 예술인 도자기를 만드는 분. 김정옥 선생님의 삶이 한 편의 다큐멘터리로 만들어졌습니다. 방송에 이어 책 출간 소식에 축하를 드립니다.

4. 김재형 춘천MBC 사장

신명, 삶의 축제를 만들어가는 동해안 별신굿을 조명한 다큐멘터리 『명인』이 시청자의 큰 호응을 얻었습니다. 세 습무의 맥을 이어온 김영희, 김용택 사촌 남매가 바다에 바치는 간절한 염원, 그리고 굿이 익어갈수록 사람과 사람을 이어주는 관계가 더 깊어지는 내용들이 다큐멘터리에 잘 녹아 있습니다.

이 같은 내용을 다큐멘터리에 이어 책으로 엮는다는 소식에 더없이 반갑고 기쁩니다. 이 책이 더 많은 독자들에게 더 큰 울림으로 전달되기 바랍니다.

5. 소원영 울산MBC 사장

천년의 숨결을 누벼온 누비장 김해자 선생님의 다큐멘터
리는 우리에게 큰 감동을 전해줍니다. 40년 외길 인생을
살아온 누비장 김해자 선생님의 삶은 그야말로 숭고하며 그 자체가 참선
이기도 합니다. 인고의 세월이 만들어낸 거장의 삶을 통해 어쩌면 너무
쉽게 예단하며 너무 쉽게 포기하며 사는 우리의 삶을 되돌아보며 반성하
게 됩니다.

방송이 책 출간까지 이어지는 사례는 그리 많지 않습니다. 이번 다큐멘
터리가 책으로 출간되는 것은, 인고의 세월이 만들어낸 거장의 삶을 다
시 한 번 되새김질할 수 있다는 데에 큰 의미가 있다고 봅니다.

6. 선동규 전주MBC 사장

소리에 삶을 실은 가야금 병창 안숙선 선생님. 안숙선 선생
님은 소리꾼으로 살며 오랫동안 품었던 격언 하나를 소개해주십니다. '기쁨
보다 슬픔을 담은 소리가 더 달다'입니다. 슬픔이 클수록 절제되고 감춰지는
것입니다. 무덤덤하고 무심하게 소리를 하는 것, 바로 절제의 미학입니다.

아마 다큐멘터리와 또한 이 책에서 우리에게 던져주는 메시지는 바로 '절
제의 미학'일 것 같습니다. 무덤덤하고 무심하게, 그러나 삶의 슬픔과 기
쁨을 모두 받아내며 살아내는 것이 바로 그것일 것입니다.

7. 김수병 부산MBC 사장

장군 부대의 사기를 돋우고 그들의 승전을 축하하며 환호
해주던 '승전무'. 기생의 춤이라는 편견 속에서 사라질 위
기를 맞았습니다. 그러나 다행히도 승전무는 여전히 우리 곁에 보존되어
있습니다. 기생의 춤이 아닌 중요무형문화재로, 인간문화재인 엄옥자 선
생을 통해 여전히 숨을 쉬고 있습니다.

전쟁이라는 극한 상황 속에서 대응하는 인간의 지혜는 놀랍습니다. 바로
싸움도 중요하지만, 싸움을 준비하는 태도, 즉 승전무로써 사람들의 두
려움을 해소해내고, 또한 승전을 축하했던 것입니다.

한 편의 영화 같은 삶이 다큐멘터리로, 또한 책으로 만들어졌습니다. 제
작진의 노고에 격려와 박수를 보냅니다.

8. 고대석 대전MBC 사장

질박한 나무의 생애를 어루만지는 섬세한 손길. 바로 소목
장 박명배 선생님입니다. 나무가 제 나이테 속에 묻어둔 이야기… 햇빛과
바람, 눈과 비, 고통과 기쁨을 온몸으로 읽어내며 그는 나무와 선연한 대
화를 나눕니다. 온 마음으로, 길고 긴 천년의 숨을 나누는 그의 삶과 이야
기가 다큐멘터리에 잘 녹아 있습니다. 또한 책에도 잘 담겨 있습니다.

이번 책 출간을 통해 나무의 영혼을 담는 그의 노력과 숨은 열정을 함께 만나보시길 바랍니다.

9. 정준 제주MBC 사장

한 치 앞을 볼 수 없을 만큼 사나운 비바람이 몰아치고, 사람들이 살아가기에는 너무나 가혹하고 척박한 땅, 그러나 그곳에 사는 사람들은 거친 바다로 나갔습니다. 가녀린 여인들도 생명을 걸고 거친 물속으로 뛰어들었습니다. 거대한 섬에서 물질은 생존을 위해 반드시 필요한 조건이었습니다. 그런 삶을 살아가는 제주도의 사람들이 기댈 곳은 바로 오직 하나, 신 뿐이었습니다.

대자연이라는 공포의 존재를 언제나 신을 모시고 섬김으로써 삶의 신명을 울려냈던 제주의 큰 심방 김윤수 선생님. 김윤수 선생님의 삶을 통해 제주도 사람들의 삶과 멘털리티, 그리고 그 속에 담긴 대자연과의 소통법을 배울 수 있는 길을 책에 담았음에 기쁘고 뿌듯합니다. 제작진의 열정을 문자로 다시 한 번 확인할 수 있는 기회를 만들어주신 많은 분들께 감사드립니다.

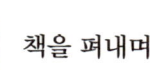

책을 펴내며

지역MBC 광역9개사(부산, 대구, 광주, 대전, 전주, 청주, 춘천, 울산, 제주 MBC)회의에서 중요무형문화재『명인』다큐멘터리 제작에 대한 기획회의를 했던 때가 엊그제 같습니다.

지난 해는 여러 가지 좋은 일이 많았습니다. 먼저 9개사가 공동으로 전파진흥원 정부제작지원 공모에 기획안을 제출해 당선되는 좋은 소식이 있었습니다. 2012년 2월에는 9개사 공동으로 제작한 다큐멘터리가 방송통신심의위원회 '이달의 좋은 프로그램상'을 수상하는 쾌거를 거두기도 했습니다.

특별히 청주MBC가 제작했던 '택견'은 방송 이후 유네스코 세계무형문화유산으로 등재 소식까지 이어져 겹경사를 맛보았습니다.

제작진들의 땀방울이 담긴 9개사 공동제작『명인』다큐멘터리는 지역 MBC 다큐멘터리의 킬러콘텐츠화 작업에 그 시작일 뿐입니다.

시청자들에게 경쟁력 있는 콘텐츠 제작만이 지역 MBC의 미래를 희망적으로 만들어갈 것을 확신합니다.

『명인』다큐멘터리가 이제 영상 언어에서 문자 언어로 재탄생되는 과정이 시작되었습니다. 50분이라는 방송 시간의 제한 때문에 길게 풀어내지 못한 문자 언어를 조금 더 디테일하게 살려 책으로 펼쳐내게 되었습니다. 너무도 빠르게 변화하는 세상 속에서 이미지와 영상 언어를 생산해내는 피디들이 만난 한국의 대표 명인 9인은 그야말로 마음속 깊숙한 존경심을 불러일으키는 존재였습니다.

아무도 알아주지 않던 곳, 혹은 아무도 그 가치를 몰라주던 '존재'에 대해 끊임없이 열정을 쏟고 한길을 가서 한국 역사적 예술과 전통을 이었다는 점은 그 놀라움을 다시 한 번 던져줍니다.

이들의 '느린 열정'은 때로는 가장 낮은 곳에서 신과 교감하면서 험난한 삶을 살아내는 사람들을 위로하는 정성을 보여줬고(세습무, 제주 큰심방), 때로는 지나치기 쉬운 사물에 영혼을 불어넣어 하나의 예술 작품으로 승화시켰으며(누비장, 각도인, 사기장, 소목장), 때로는 목소리와 몸으로 존재들과 소통을 도모했던 분들(택견, 가야금 병창, 승전무)도 있습니다.

앞만 보고, 단시간에 뭔가를 이뤄내려는 조급증에 익숙해져버린 우리들에게 이분들의 삶 그 자체가 주는 숭고한 울림이 있습니다.

방송을 통한 다큐멘터리로 그 울림을 경험하시고, 방송이 미처 보여주지 못한 이야기들은 책을 통해 느껴보시기 바랍니다.

2012. 2. 15 제작진을 대표하여

김정승 청주MBC 편성제작부장 **남윤성** 청주MBC 편성국장

누비장 김해자
"내게 누비는 최고의 스승입니다"

내게 누비는 최고의 스승입니다. 저를 이렇게까지 다듬어주고, 자신을 돌아볼 수 있게 한, 저의 가장 큰 스승이죠. 생계 수단으로 시작했지만 단순한 작업을 통해 많은 세월 동안 깨닫고 느끼고 체험한 것이 결코 헛된 것이 아니란 것을 알게 되었습니다. 친구이자 스승, 또 나의 생활을 연명시켜주는 하나의 방편이죠. 좋은 인연이자 좋은 직업입니다.

공(空), 우주, 인내와 정

천년의 숨결을 누빌레라,
누비장 김해자

프롤로2

허공을 여며 세월의 길을 누벼온 손길.

허공은 가득한 길이다. 바람의 결이 지나고, 빛 번진 햇살도 눈부신 결을 이뤄 퍼지는 길. 비어서 가득한 그 허공을 여며 세월의 길을 누비는 손길. 40년 세월 애오라지 바늘 한 땀으로 길을 내어, 그 길을 따라 걸어온 사람. 어제의 한 땀을 걸어 오늘을 만났듯, 오늘의 한 땀을 따라 내일을 잇는 사람. 들리지 않는, 그러나 가장 큰 울림으로 이 땅의 문화를 이야기하는 바느질 소리. 그것은 바로 누비장 김해자의 숨결이다.

최초의 누비장이 되다

아직 앳된 기색이 채 가시기도 전인 스무 살 무렵, 김해자는 여러 산문(山門)을 기웃거렸다. 어지러운 마음이 그녀를 이끈 것이다. 이제 갓 스무 살을 넘긴, 세상이 무조건 좋게만 보이고 세상의 것에 욕심을 품을 나이에 무슨 회의와 번뇌가 그렇게 많았을까. 하지만 여느 20대 여성들과는 달리 그녀는 자신과 사회, 종교 등과의 갈등으로 스스로 생채기를 냈고, 이에 방황했다.

"회유와 고통 때문에 한동안 굉장히 고통이었어요. 참선밖에 할 게 없더라고요."

경남 양산시 하북면에 위치한 통도사. 어지러운 그녀의 마음을 이끈 곳이다. 그곳에서 그녀는 경봉스님의 시봉사리를 하며 한복 짓는 일을 배웠다. 그리고 우연히 보게 된 누비옷 한 벌로 누비의 길로 들어섰다.
그의 스승은 수덕사 비구니 출신 황신경이었다. 수덕사에서 3년간 정진

할 당시 맺은 인연이다. 처음에는 방황하던 마음을 다스려볼 생각으로 시작했던 누비 바느질. 그 매력에 빠져들면서 그는 고문헌을 뒤지며 누비 재현에 몰두했다. 그렇게 보낸 삼십 년 세월은 그를 명인의 경지에 올려놓았다.

어린 시절 어머니의 바느질 일을 보조하면서 배웠던 누비 일. 집안 생계의 버팀목이었다. 어머니의 일을 도우며 복장학원에 다니고, 승복을 만드는 집에서 틈틈이 배운 누비 일을 평생의 업으로, 정진의 수단으로 삼게 된 것이다. 처녀의 몸으로 경봉스님의 시봉을 드는 것도, 단순 반복되는 누비 일을 하는 것도 쉽지만은 않았다. 당시 경봉스님의 시자스님이었던 통도사 주지인 원산스님은 당시의 그녀를 또렷이 기억하고 있다. 명랑하고 쾌활했던 그녀. 몸이 재빠르고 판단력이 정확했다. 그렇다면 결코 쉬운 일은 아니었다.

"입산. 출가하는 것도 쉬운 일이 아니에요. 부모 다 등지고 세상의 모든 부귀영화를 버리고 머리 깎고 출가하는데 보통 사람은 할 수 없잖아요. 하지만 처녀의 몸으로 산중에 혼자 와 큰스님 시봉한다는 것도 쉬운 일은 아닙니다. 김 선생 가만 보면 보통 사람은 아니라고 봐야죠." (원산스님)

그녀에게 누비는 수행도 하면서 먹고살 수 있는 유일한 수단이었다. 단순한 누비 바느질을 하며 화두를 겸해 계속 생각했다. 그리고 원하지 않는 모습으로 변해가는 스스로의 모습을 작업을 통해 바로잡을 수 있었다. 숙연해졌고 평안해졌다. 승복 짓기로 시작해 15년간 밤낮으로 누비 바느질만 했다. 그리고 어느새 그녀는 세상에 의해 누비장 기능보유자가 됐고, 중요무형문화재 제107호로 인정받았다.

⚜️ 한 땀에 숨결을, 한 땀에 정신을

누가 무엇으로 불러도 처음이란, 외로운 이름이다. 최초의 누비장, 그 외

로운 이름을 옷고름처럼 여민 김해자. 그러나 그가 바치는 명주 천마다
의 바늘땀. 그 바느질 소리는 가장 큰 울림으로 천년 문화를 긴는 바로,
그녀의 숨결이다.

경주 탑동 식혜골. 김해자 누비장이 이곳에서 터를 잡고 최초로 누비공
방을 연 지도 10여 년이 지났다. 살림집을 겸한 그의 누비공방엔 그 10
여 년 전이나 지금이나 제자들이 발길을 잇는다. 장인과 명인이란 세상
에 자신의 쓰임새를 퍼뜨리는 씨방과 같은 것이다. 그녀는 누비에 실린
자신의 정신과 숨결을 기술에 담아 제자들에게 전수하고 있다.

누비란 안팎을 맞춘 피륙 사이에 솜을 두고 일정한 간격으로 홈질하는
것이다. 피륙의 보강과 보혈을 위한 기법으로, 몽고 지방 고비사막 일대
에서 시작되어 BC 200년경 중국과 티베트에서 쓰였다. BC 1000년경부
터 고대 이집트와 중국에서 퀼트(Quilt)기법이 침대 덮개나 의복에 사용
되어 전해지고 있다. 우리나라에서 누비가 언제부터 사용되었는지는 확

실치 않다. 우리나라의 기후, 풍토 등의 자연 환경과 지정학적 영향으로 보아 고대부터 사용했을 거라 추정된다.

정작 바느질만으로는 시작할 수 없는 것이 누비다. 누비 바느질의 시작. 그것은 옷을 짓는 데서부터 출발한다. 그래서 누비는 시작부터 마무리까지 내 손을 들여야 하는 작업이다. 그런 탓에 이론으로는 터득할 수 없는 것이 누비 바느질 과정이다. 경험에 의한 나의 것. 그것을 세상에 내어 나누는 나의 것. 그것이 김해자 누비장의 애착이다.

흐르는 물같이 평온한 누비 선은 원단이 머금은 색과 조화를 이루고 있다. 그 조화로움은 자수를 능가하는 기품을 지니며, 한 땀의 어긋남도 없는 바늘 선은 명인만의 경지를 고스란히 드러내고 있다. 하지만 누비는 명인의 작품 이전에 엄연한 우리의 생활 의복이었다. 지금도 쉽게 볼 수 있는 생활 의복. 그 대표적인 것이 승복으로, 많은 이들에게 성철스님의

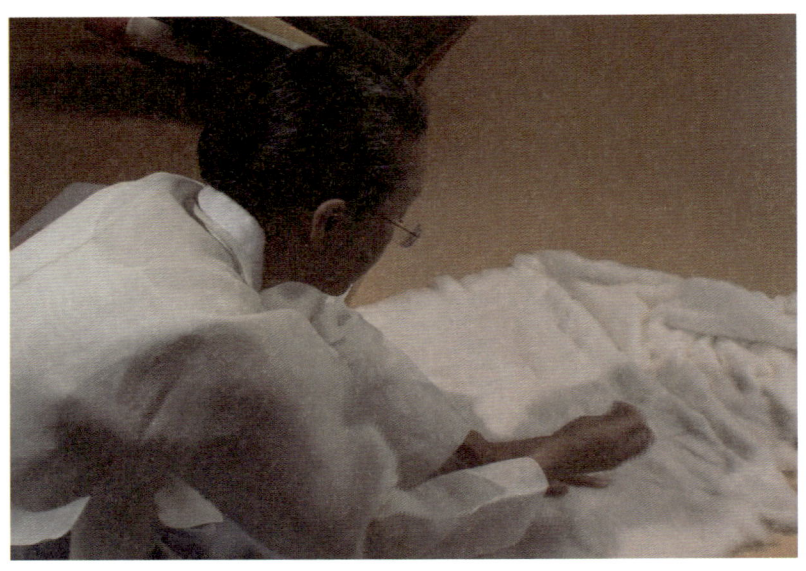

승복으로 알려진 승복은 바로 누비 두루마기다.

승복으로만 알려진 누비옷은 조선 시대에는 방한용으로 유행했던 최고의 패션이었다. 조선 시대 화가 신윤복의 풍속도는 얼마나 다양한 누비옷들이 당시를 풍미했는지 그 증거들을 제시하고 있다. 그리고 당시 누비는 선비와 기생들만의 전유물이 아니었다. 각종 행사와 절기의 궁중물품 기록 문서인 발기 중 순조의 세자 시절 혼례 물품을 기록한 임오년 가례 발기는 다양한 누비옷들이 애용됐음을 보여준다.

다만 우리들 기억에서 잊혔을 뿐인 다양한 누비들, 하지만 그 명칭들은 조선 시대 중국어 단어집에도 실려 있을 만큼 조선과 중국을 넘나들며 각광받던 의복이었다. 그 잊힌 누비를 현대에 재현해낸 사람. 그가 일평생 반지라고는 골무밖에 끼어본 적이 없는 손누비의 장인, 김해자다.

🔖 잊힌 그 이름, 손누비

한국의 누비는 '은근과 끈기'다. 누비만큼 한국적인 정서를 가진 것은 드물다. 곧은 선으로 튀지 않고 단순하게 죽죽 누빔으로써 서양이 화려한 문양과 무늬에 중점을 두는 것과는 차별된다. 하지만 근대화 바람을 타고 재봉틀이 들어오면서 여자들은 손에서 바늘을 놓아버렸다. 누비는 그렇게 명맥이 끊긴 채로 백 년이 흘렀다. 올 튀기기는 누비장 김해자가 그 누비를 재현해낼 수 있게 한 이유였다.

"올을 하나 잡고 당겨서 어긋나게 하는 방법이에요. 바느질하는데 누비라는 게, 줄을 죽 누벼야 하니까 선이 없으면 누비기 어렵잖아요. 그래서 그 선을 표시 나게 하는 방법이 이렇게 올을 하나 튀겨서 잡아당기는 것이에요. 그러면 조직이 어긋나면서 뚜렷한 선이 하나 보여요."

누비 바느질은 마치 자로 잰 듯 일직선으로 흐른다. 하지만 선이 없이 누

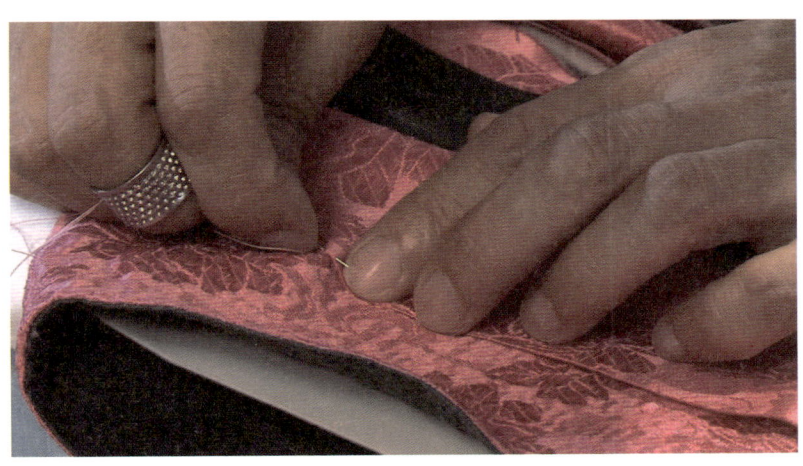

벼보면 아무리 정확하게 하려 해도 이리저리 왔다 갔다 할 수밖에 없다. 좁아졌다 넓어졌다 하며 어긋나는 것이다. 한복의 대가들이 누비의 정교함에 접근하지 못한 이유 역시 이 때문이다. 하지만 김해자 누비장이 바로 이런 문제점을 해결했다.

옷감에서 정해진 간격에 맞게 씨실을 한 줄씩 빼서 줄을 내는 기법인 올 튀기기를 통해 누비 바느질의 핵심인 정해진 간격으로 일직선의 바느질이 가능하도록 한 것이다. 그녀는 올 튀기기로 백 년이 넘도록 명맥이 끊긴 누비 바느질을 재현해냈다. 알고 나면 간단한, 그러나 그러기까지 너무나 먼 길을 돌아왔다.

"올 튀기기를 통해 저 역시 아주 섬세한 바느질을 할 수 있게 됐어요. 하지만 방법이 너무 쉬운 거예요. 처음 이 방법을 알아내고 한동안 너무 허탈했어요. 정말 간단한 방법인데 이 방법을 찾지 못해 사람들이 이 좋은 누비를 재현하지 못했으니 말이에요. 그 이후 정교한 유물들을 재현할 수 있게 됐죠."

누비는 천을 일정한 간격으로 홈질하는 단순한 작업이다. 그러나 그 작업은 만만치가 않다. 마음이 고요하지 않으면 할 수 없는 일. 마음이 시끄러운 날엔 바느질에서 그 마음이 고스란히 드러난다. 바늘땀 간격은 틀어지고 헝겊을 붙인 부분은 삐딱삐딱. 누비를 뜨는 게 수행이고 공부다. 하지만 누비를 가르친 이도, 배운 이도 없다. 김해자는 올 튀기기를 통해 백여 년 만에 전통을 재현했다.

🪓 어머니의 삶이 만들어낸, 전통 손명주

김해자는 누비의 명인이다. 그 누비 바느질을 하기 위해선 필히 거쳐야 하는 것이 옷을 짓는 일이다. 그 첫 작업이 몸의 치수에 맞게 재단하는 작업이다. 치수에 맞게 옷감을 자를 재단선과 옷 솔기 가운데 접혀 들어가는 부분인 시접 선까지 정해지면 재단이 마무리된다.

재단은 꽃들이 제 몸에 맞는 향기를 마련하는 일과 같으며, 꿀을 모으기 위해 반드시 꽃이 필요하듯 옷을 짓기 위해 갖춰야 할 필수 과정이다.

그렇게 옷을 짓는 일. 누비장 김해자는 그 모든 과정을 누구의 손도 빌리지 않고 직접 해왔다. 하지만 그런 그에게도 한 가지 예외가 있다. 그것은 바로 옷감을 마련하는 일이다.

누비옷엔 주로 명주 천이 옷감으로 사용된다. 그 명주 천을 마련하기 위해 김해자는 전통적으로 명주를 짜는 두산마을을 자주 찾지만 그중에서도 김영자 할머니와는 특히 각별하다. 마을에선 모두들 누에고치를 직접 삶아서, 생명주실로 명주를 짜지만 김영자 할머니는 그 솜씨가 명인 수준이기 때문이다.

전통을, 이어 간직할 무엇이 아니라 박물관 유물쯤으로 생각하는 요즘. 그래도 김영자 할머니에게 베틀은 삶의 반려자였고, 몸의 일부였다.

씨줄을 담은 북을 날줄과 날줄 사이로 넘겨가며 바디를 내리치면 한 올 한 올 씨줄과 날줄로 엮인 명주실은 명주 천이 된다. 명주 짜기는 그렇게 엮인 명주실의 촘촘함으로 비교되는데 김영자 할머니 명주는 그 촘촘함에서 월등하다. 김영자 할머니가 손수 짠 명주는 그 정성만으로도 최고의 가치를 지니고 있다. 그리고 김해자는 그 가치를 알아봤다.

한 땀 한 땀 누벼 완성하는 누비는 또 그렇게 한 올 한 올 엮어 완성하는 명주에서 비롯된 운명인지도 모른다. 김영자 할머니의 명주는 이제 누비장 김해자의 손에서 눈부신 물성 변화를 일으킬 것이다. 이렇듯 명인과 명인과의 만남. 김해자 누비의 바탕은 그렇게 손명주와 손누비가 씨줄 날줄로 엮어낸 인연이자 삶과 삶이 직조한 세월이다.

🜂 물들다

누비장 김해자는 쪽물을 얻기 위해 10년 전부터 직접 쪽밭을 일궈왔다. 화학 염색으로는 불가능한 것이 유물 재현이다. 지금은 어느 정도 보급 되어 있지만 그가 유물 재현에 빠져 있던 때는 쪽을 재배하는 사람이 없 었다. 그런 탓에 어쩔 수 없이 시작한 쪽 재배였다.

흔히 볼 수 있었던 쪽은 화학 염료에 밀려 사람들의 기억에서 지워졌다. 그 모습조차 기억하고 있는 이 드문 쪽풀. 그래도 쪽풀이 담고 있는 색은 여전히 하늘빛이다.

갓 채취해 분쇄한 쪽풀을 짜낸 쪽물은 초록빛을 띠고 있다. 자연에서 얻 는 색은 화려하지도 되바라지지도 않다. 김해자는 그 색을 누비옷에 입 히고 싶어 직접 염색을 해오고 있다. 쪽풀에서 색소를 뽑아내, 천에 물을 들이는 일은 까다롭고 손이 많이 가는 과정이다.

"잎 자체는 녹색 기운이지만 이 녹색 안에 분자가 붙어 있어요. 그래서 녹색은 삭히면 분해가 돼서 없어져버려요. 그리고 인디고라는 남색을 낼 수 있는 청색을 띤 분자가 안에 들어 있어서 이 자체가 가지고 있는 성격을 잘 분해해서 색소만 뽑아내는데, 공정이 아주 복잡합니다."

물 안의 색소를 흔들어 천에 골고루 색을 먹이고 나면, 쪽물에 담갔던 천을 찬물에서 헹구는 작업이 이어진다. 이때 얼룩지지 않고 골고루 색소를 먹이기 위해선 빠른 손놀림이 요구된다. 이러한 과정들을 거치면 녹색에 숨겨졌던 쪽풀 본디의 색이 제 모습을 드러낸다. 비로소 하늘빛이 깨어나는 것이다.

사람의 마음을 읽는다는 쪽물. 그래서 지극한 정성을 들인 쪽물은 놀라운 물성 변화를 일으킨다. 녹색의 고치를 벗고 하늘빛 날개를 펴고 우화한 쪽물 명주가 바지랑대에서 햇빛에 그 날개를 말린다. 사람의 정성과 햇빛과 바람, 그 자연의 정성이 보태어져 깨어나는 쪽물은 자연의 미묘한 변화까지도 품어낸다. 아름다움의 극치, 자연의 순수함, 자연의 위대함. 바로 천연 염색에서 얻을 수 있는 가치다.

"화학 염색을 다뤄보면 독소가 나오거든요. 손끝이 다 갈라져요. 천연 염색은 아무리 바느질을 하고, 천을 다뤄도 손끝이 갈라지는 법이 없어요. 또 각 재료에 따라 다양한 향기가 천연 염색에 그대로 배어 나오죠. 이렇게 천연 염색은 명쾌해요."

그 명쾌함의 또 한 가지. 쪽풀과 함께 천연 염색을 대표하는 홍화 염색이다. 홍화는 붉은색과 황색을 동시에 얻을 수 있는 염색제다. 특히 오미자를 함께 사용하면 홍화 본연의 색을 깨우는 뛰어난 발색 효과를 기대할 수 있다.

홍화 염색은 양잿물이 보조제로 사용된다. 때문에 고무장갑을 착용해야 한다. 잇꽃으로도 불리는 홍화는 쪽과 함께 진즉에 천연염색제로 사용돼 온 친숙한 염색제다. 그 쪽과 홍화와 함께, 김해자는 다양한 천연염색제를 활용한 갖은 빛의 천을 누벼왔다.

누비옷에 색을 입히는 일. 김해자는 그것으로 세월 저편에서 걸어와 오늘에 만나는 이 땅의 문화를 본다. 천연의 색이 주는 자연의 오묘함과 그 아름다움의 절정에 바늘 길을 내며, 그 외줄기 길을 걸어온 세월. 김해자는 그 길 위에서 바느질을 한다.

화학 염료와는 비교될 수 없을 만큼 오묘한 색상이 바로 식물 염료다. 화

학 약품으로 염색한 옷감보다는 우리의 색을 찾아서 우리의 기법으로 만들 때 누비 문화는 한층 더 한국적인 전통문화로 재탄생되는 것이다. 그리고 그 길 위에 김해자가 있다.

🎎 40년의 길, 올곧은 바느질

전통 색과 전통 누비 바느질 기법으로 새롭게 탄생하는 누비 문화. 김해자는 그 현장을 지켜왔다. 그 반짇고리 속의 손때 묻고 몸에 익은 것들과 한평생, 끊겨 잊힌 전통을 깁고 여며, 세상에 그 쓰임새를 보탰다. 그 과정이 사무치게 애달프고 고통스러워 인고봉이라 불렸던 바느질.

그 기도 하나가 솜 넣기 과정이다. 솜 넣기 과정은 안감과 겉을 마르고 난 후, 안감 쪽에 솜을 대는 과정을 이른다. 이때 옷을 입었을 때 고운 태가 나도록 뭉친 솜이 없도록 잘 펴고 옷감에 맞게 솜을 정리한다.

본격적인 누비 바느질을 위한 작업은 솜을 옷감에 고정시키는 작업이다. 옷감에 솜을 고정시키고 나면 남아서 웃도는 솜을 다시 한 번 정리한다. 보이지 않는 곳까지 신경 쓰는 세심한 배려. 그것이 명인의 남다름이다.

옷의 안쪽까지 마무리되면 그다음은 시침질 과정으로 이어진다. 그 시침질을 위해 소매 끝 부리를 남기고 겉감과 이은 다음 겉이 나오도록 뒤집어준다. 그렇게 뒤집은 옷은 비로소 제 형태를 갖추게 된다.

그다음 과정은 뒤집어서 형태가 완성된 옷에 겉감과 솜을 함께 시침질하는 작업이 기다린다. 제대로 된 누비 바느질을 위해선 천이 구겨지거나 접힌 부분이 없어야 한다. 따라서 소매 끝까지 세심하고 꼼꼼한 시침질이 필요하다. 이렇게 완성된 누비옷은 세탁에도 형태가 변형되지 않고 원형을 유지할 수 있게 된다.

누비는 겉과 안 사이에 솜을 넣고 규칙적으로 홈질을 해주는 것을 말한

다. 사전적으로는 죽죽 줄지게 박는 것을 말한다. 하지만 어느 것도 누비의 참모습이 아니다.

김해자에게 누비는 기도다. 그에게 있어 옷이란 남 보기 좋으라고 입는 것이 아니라 그 안에 정성을 가득 담아 기도하듯 입는 것이다. 기도하듯 짓고 입는 옷. 김해자에게 누비란 그런 것이다. 옛 여인들은 전쟁터에 나가는 남편에게 누비옷을 지어 입혔다. 진심 어린 정성은 화살도 피해간다 믿었던 때문이다. 때문에 누비는 방한용이면서, 동시에 액운을 물리치는 소망의 옷으로 여겼다.

바늘에 실을 꿰어 꿰매어가기만 하면 되는, 그래서 누비는 누구나 할 수 있는 단순한 작업이다. 그러나 그 반복적인 단순함 때문에 누구나 쉽게 할 수 없는 것 또한 누비다. 때문에 누비는 한 벌의 옷이 아니라 하늘을 감동시키는 정성으로 여겨져왔다. 지극정성으로 짓는 소망의 옷. 누비장 김해자는 그렇게 하나의 소망을 완성했다.

한 땀도 건너뛸 수 없는, 그래서 한 땀의 어긋남도 없는 김해자의 바느질선은 물 흐르듯 자연스럽다. 그 정성은 간격에 따라 누비를 구분하는 잔

누비(0.5~1㎝ 내외), 중누비(2.5㎝ 내외), 드문누비(5.0㎝ 내외)나 짓는 옷의 크기에 차별을 두지 않는다.

"(옷 크기의) 차이라고 할 것은 없어요. 작은 것은 작은 대로 공이 들어가거든요. 작품을 하다 보면 한국 문화의 우수성을 느낄 수 있어요. 행위 자체가 세속적인 기교나 욕망이나 이런 것을 초월해 작업하기 전에는 완성할 수 없거든요. 마음을 어떻게 먹느냐가 굉장히 중요합니다. 옷을 만들면서 온갖 망상을 한다면 그 옷에 어떤 여운이 남겠습니까? 단순한 행위를 계속하다 보면 굉장히 더 단순해지고 사물을 직관하는 힘이 생겨요."

한곳을 바라보는 지극한 고집은 아름답다. 그래서 사람들은 그 고집으로 지어낸 그의 작품 앞에 서면 울먹인다. 한곳을 바라보는, 기도하는 손. 누비장 김해자는 그 손으로 바느질을 한다. 그리고 그는 끝 모르게 이어지는 단조로운 반복이 지극한 아름다움일 수 있음을 깨닫게 한다.

끝나지 않은 도전

김해자 누비장은 그의 제자들과 누비문화연구원을 통해 지속적으로 교육과 작품 활동에 주력해오고 있다. 누비에 담긴 정신을 세상에 알리는 동시에 그 정신을 작품에 담고자 함이다. 김해자는 제자들이 준비한 세미나에서 그 보람 하나를 본다. 혼이 담긴 바느질을 하는 이들이 모인 곳, 바로 누비문화연구원이다.

"제가 보유자가 된 지가 15년이고 강의한 지가 20년이에요. 20년 동안 저를 거쳐간 분들이 적어도 1,500명이 되는데 그중에 남은 분들이 누비문화연구원의 제자들입니다. 그나마 남은 제자들이 문화에 대한 어떤 의지가 있어서 '우리가 열심히 이것을 재현해서 후세 사람들에게 보여주자' 하는 그런 모임이에요."

누비문화연구원에서는 최근 국내 최초로 시도하는 누비 속옷에 대한 세미나가 열리기도 했다. 개화기 이후 점점 사라진 남자 속옷은 러닝셔츠로 대체됐다. 여름철 모시 적삼과 고의를 입을 때 속적삼과 속고의를 받쳐 입는 정도로, 완전히 남자들의 속옷은 전통에서 탈피했다. 이렇듯 누비문화연구원에서 김해자와 그의 제자들은 누비 바느질만이 아닌 누비 속옷 등과 같은 이론 공부를 통해 전통을 재현하고 있다. 김해자는 누비문화연구원을 통해 누비 작업의 어려움을 극복하는 정신력을 몸소 가르친다. 잡념을 없애고 바느질에 집중할 수 있는, 하나의 목표를 향해 나아갈 때 나를 찾고, 조상의 지혜를 터득하고, 그 정신을 이을 수 있다.
그의 제자들은 마음을 비워야 올곧게 나아갈 수 있는 누비의 정신을 김해자로부터 이어받았다. 하다 보면 자연스레 되는 일. 생각이나 마음이 먼저 앞서는 것을 경계해야 하는 일. 누비와 같이 지난한 작업을 하며 깨달은 철학이다.

하지만 김해자는 스스로를 제자들의 스승이라 생각하지 않는다. 그 모진 인고봉을 나누어 진 동지일 뿐이라 여긴다. 하지만 제자들에겐 그런 마음까지도 스승인 그다.

누비를 사랑하는 누비문화연구원 사람들은 김해자를 통해 한국 전통 바느질, 특히 누비라는 혼이 담긴 바느질의 명맥을 잇는다. 바늘 끝의 묘한 날카로움과 집중력과 거기에 담긴 혼. 누비의 매력이다.

❧ 인고의 세월이 만들어낸 거장

1992년 전승공예대전에서 누비 간격 3㎜와 5㎜인 누비 직령포와 액주름포를 출품해 그해 국무총리상을 수상하기도 한 누비장 김해자. 그는 2003년 누비 작품을 들고 국제퀼트박람회에 참가했다. 세계의 바늘쟁이들이 모인 자리였다. 그 세계적인 작가들이 누비를 보더니 다 울었다. 누비는 서양 퀼트와 달리 재주를 담지 않는다. 누비가 담는 것은 그 사람의 마음이다. 그들이 본 것은 누비의 그 마음, 바로 진정성이었던 것이다.

마음을 비워낼 때에만 흐트러짐 없는 아름다움을 드러내는 누비. 때문에 자신을 끊임없이 비워낼 수밖에 없는 작업이다. 참선방에 앉아서 느끼는…. 바느질을 통해 기도의 세계를 느낀다.

40년 세월 애오라지 바늘 한 땀으로 길을 내어, 그 길을 따라 걸어온 사람. 어제의 한 땀을 걸어 오늘을 만났듯, 오늘의 한 땀을 따라 내일을 잇는 한 사람. 그 40년 인고봉의 바늘땀을 따라가면 지극함으로 피어나는 누비의 아름다움 한 다발 만나게 된다.

누비옷 제작 과정

1. 줄치기

말 그대로 누빌 올이 표시 나도록 줄을 치는 과정. 누비 간격을 정하여 누빌 올을 표시하는 이 과정은 한복이나 양장에는 없는 것으로 세누비, 중누비, 드문누비에 따라 누비 간격을 잘 조절해야 한다. 줄치기는 올을 튀기는 방법과 선을 긋는 방법 등이 있다.

2. 마름질

입을 사람의 몸 치수에 맞춰 천을 자른다. 누비는 골넓이에 따라 시접 치수를 달리해야 하므로 천을 자를 때 이를 감안해야 한다.

3. 솜 고르기

만들 옷의 두께를 고려해 솜 부피를 조절한다. 옷 전체에 솜을 고르게 놔야 다 누볐을 때 골이나 땀 길이가 일정해진다. 이것을 위해 솜 부피가 같아지도록 뜯어낸다.

4. 바느질하기

재단에 따라 등솔을 박고 어깨를 붙이고 소매를 단다. 안감과 겉감을 똑같이 붙인 후 배래와 동 아래만 박아서 뒤집는다. 겉감과 안감 사이에 적당량의 솜을 넣고 맞붙여 임시로 시침한다.

5. 누빌 부분에 시침하기

누빌 부분의 올을 따라 시침질을 해준다. 그래야 누비기 쉽다.

6. 누비기

저고리의 몸통과 소매를 누빈 후 겉섶과 안섶을 달고 다시 겉섶과 안섶을 누빈다.

7. 마무리

우선 맞붙여 배래를 감친다. 그다음 도련 부분을 처리하고 깃을 단다.

Q. 선생님에게 누비는 무엇인가요?

최고의 스승입니다. 저를 이렇게까지 다듬어주고, 자신을 돌아볼 수 있게 한, 저의 가장 큰 스승이죠. 생계 수단으로 시작했지만 단순한 작업을 통해 많은 세월 동안 깨닫고 느끼고 체험한 것이 결코 헛된 것이 아니란 것을 알게 되었습니다. 친구이자 스승, 또 나의 생활을 연명시켜주는 하나의 방편이죠. 좋은 인연이자 좋은 직업입니다.

Q. 처음 올 튀기기 기법을 발견하셨을 때 어떠셨나요?

실상을 볼 수 있는 눈은 모든 생각을 끊어버리고, 무심할 수 있을 때 드러나는 것 같습니다. 아무런 경계가 없을 때 사물이 직관적으로 들어오는 거죠. 너무 단순한 기법을 깨치고 나니 한동안 허탈하기까지 했습니다. 너무나 간단한 방법인데 사람들이 이걸 못 찾아서 좋은 누비를 재현하지 못했다고 생각하니 어이가 없었던 거죠. 이제 정교한 유품도 재현할 수 있고 대중화할 수 있게 됐습니다.

Q. 누비는 공과 시간을 들일 수밖에 없는 작업인 것 같습니다.

시간이라는 개념은 버리는 게 좋아요. 어떤 옷을 뜨기 시작했을 때 시간이 얼마나 걸린다고 계산할 수 없어요. 수작업이잖아요. 부담을 놓고 자연스럽게 부지런히 하다 보면 끝이 나는 겁니다.

그리고 가장 단순한 작업을 반복해 하는 동안 망상을 많이 하게 돼요. 누비에 마음을 쏟는 게 아니라 망상이 들어오는 거죠. 번뇌나 망상을 놓고 바느질에 집중해야 합니다. 행위는 몸이 하고 생각은 온갖 번뇌를 다 일으킵니다. 이를 사람들이 어려워해요. 결국 누비는 자기 자신과의 싸움입니다.

Q. 선생님을 보면, 누비는 그저 바느질이 아닌 수행의 과정인 것 같습니다.

자신과의 싸움입니다. 누비를 시작할 때 '이것 하나 못하면 다른 것은 어떻게 해낼 수 있나'라는 생각이 있었어요. 꾸준히 하다 보니 많은 것을 느끼고 깨닫게 됐지요. 장시간 투자해서 아주 단순한 작업이 마무리되는 걸 보며 쾌감 아닌 쾌감도 맛볼 수 있었어요. 바늘 끝의 묘한 날카로움과 잡념을 없애는 집중력, 이런 행위 속에 자신을 발견해가는 무한한 힘을 발견하는 거죠. 이 행위 자체를 높이 평가해야 합니다.

Q. 세계인들이 한국의 누비를 보고 그 정교함에 많이 놀란다고 합니다.

전체를 단순히 누빈 작품은 극히 드물어요. 기교가 중간에 삽입이 되죠. 아름다움을 만들어내는 거예요. 하지만 누비는 모든 기교를 벗어나 완전한 정신문화입니다. 예를 들면, 조상들이 어떤 옷을 만들 때 바깥의 포장을 중시한 게 아니라 이 옷을 통해 스스로 입는 자를 위하여 염한다는 마음을 가졌다고 해요. 어떻게 보면 일종의 종교의 대상이 될 수 있는 거죠. 이 옷을 입음으로써 보호를 할 수도 있고, 보호를 받을 수도 있고, 또 원을 이룰 수도 있고. 이런 마음이 심어지는 겁니다. 정성된 문화가 최고라고 하잖아요. 누비만큼 정성을 들일 수 있는 문화가 없어요. 한국의 진수이자 인류 역사상 가장 필요한 문화입니다.

Q. 앞으로의 계획은 어떻게 되시나요?

뭣 모르고 시작한 지 20년입니다. (누비의) 시작이 저로 시작됐고, 아무

것도 없는 황무지에서 시작해 엄청난 투자와 시간이 필요했습니다. 하지만 혼자서 20년을 몸부림쳐도 누비의 전통을 알리는 데는 한계가 있었습니다. 하지만 제 역할은 누비를 개발하고 알리는 것에서 이제는 자중하는 것이 좋을 것 같습니다. 제 분수는 여기까지입니다.

중국 유학생 '탄신'이 본 명인 누비장 김해자

전에 인사동에서 누비옷을 많이 본 적이 있었는데, 실제 손으로 직접 수작업하신 줄 몰랐습니다. 이런 옷을 보니 그냥 옷이 아니라 전통 예술 작품이라는 생각이 들었습니다. 옷 한 벌이라도 정성을 담고 만든 것 같고, 제가 보기에는 이것은 바로 한국이 반드시 보유해야 하는 특색 문화입니다. 정말 아름답고 상당히 고급스럽다는 느낌이 많이 들었답니다.

※ 탄신은 북경대학에서 영상광고 연출을 전공하고, 한국종합예술대학에서 영화연출을 전공하고 있는 27세 유학생이다.

택견 정경화
"전념하기 위해서는 그것이 생활이 되지 않으면 안 된다는 것입니다"

이것이 내 길이라는 생각을 처음부터 한 것은 아닙니다. 우리 고유 무예다 보니 이왕이면 잘하고 싶고, 더 알고 싶었습니다. 어린 시절부터 우리 고유 문화에 관심이 많았어요. 그러다 보니 이왕이면 무예라도 우리의 무예가 있다면 그것을 해보자는 생각이 든 거죠.
처음에는 낮에 일을 하고 퇴근 후에는 전수관에서 학생들을 가르치곤 했습니다. 그러다 결국 18년 만에 공직 생활을 그만두고 전수관에만 매달리게 됐죠. 가장 중요한 것은 우리가 무엇인가에 전념하기 위해서는 그것이 생활이 되지 않으면 안 된다는 것입니다.

하늘과 땅의 기운을 품다, 택견 정경화

＊ 프롤로그

높은 하늘과 넓은 대지의 기운이 어우러지는 깊은 산자락. 변함없이 흐르는 자연의 시계는 능선과 계곡 따라 서늘한 가을의 기운을 몰고 왔다. 가슴 깊이 자연의 기운을 품었을 때 비로소 무예가 시작된다. 택견 인간문화재 정경화도 기를 다스리는 법부터 익혔다. 하늘이 내리고 대지가 뿜어낸 기운은 전통 무예 택견과 만나 새로운 힘으로 솟아난다. 자연 속에 전통 무예 택견의 힘이 있다.

＊ 죽음의 고비에서 택견을 만나다

택견 인간문화재 정경화. 그는 고등학교 시절 갑자기 몸이 허약해졌다. 결핵 3기까지 가는 절망에 처해졌다. 꿈꾸고 뛰어다니기에도 아깝던 그 시절. 그는 그렇게 작아지고 있었다. 학업은 중단됐다. 모든 것을 전폐했

고 산으로 향했다. 수련을 통해 병을 이겨내 보고자 하는 의지였다.

충주의 한 사찰에서 운명 같은 만남이 그를 기다리고 있었다. 택견 초대
인간문화재 신한승. 1960년대부터 택견의 명맥을 이어온 그. 그가 체계
화시키고 정립한 택견이 1983년 최초로 국가지정문화재로 지정받게 된
다. 정경화는 그런 신한승을 통해 택견을 전수받았다. 1975년이다.

"이왕이면 진정한 우리의 무예가 있다면 그것을 한번 해보자 했죠. 전통문
화에 관심을 갖다 보니 그런 마음에서 (택견을) 하게 된 겁니다."

스승 신한승의 택견을 향한 뜨거운 열정은 정경화의 삶에 큰 영향을 미
쳤다. 마침내 스승의 뒤를 이어 택견의 길을 선택하게 된 것이다. 건강을
되찾기 위해 시작한 무예.

스승은 두 달 동안 품밟기만 가르쳤다. 강하고 날카로운 힘을 기르고자 했던 정경화는 실망했다. 춤추듯 굼실거리는 택견. 정경화에게 택견은 낯선 것이었다.

"재미가 없었죠. 그만두려다 '사내로서 시작했는데 끝까지 한번 가보자'는 오기가 생기더라고요. 한 단계 한 단계 올라가면서 굼실거림 속에서 '이것이 야말로 진정한 우리의 무예'란 느낌이 왔습니다."

발 기술이 나오고, 걸이 기술이 나왔다. 춤추고 굼실거리는 속에서 공격과 방어가 자유자재로 구사됐다. 물 흐르듯 부드러운 몸놀림 속에 강인함이 깃든, 먼저 공격하기보다는 상대의 공격을 효과적으로 막는, 바로 택견의 묘미다. 몸의 움직임에 따라 느껴지는 바람과 그 속에서 강한 듯 부드러운 움직임. 택견은 그렇게 한국인과 똑 닮아 있었다. 날카롭지 않으나 강인한, 약하지 않으나 부드러운.

택견 초대 인간문화재였던 두 스승은 1987년 세상을 떠났고, 제자는 홀로 남겨졌다. 스승 송덕기와 신한승 모두 숨을 거둔 것이다. 그리고 세상은 말했다. "이제 택견이 해체됐다"고. 하지만 유일한 이수자 정경화는 포기하지 않았다. 스승의 뒤를 이어 택견의 미래를 짊어지게 된 정경화. 전국을 다니며 택견 명인을 찾아 겨뤘다. 이대로 포기할 수 없었다. 그마저 손을 놓는다면 택견은 그렇게 또 잊힐 게 뻔했다. 스스로를 단련하고 택견을 지켜야 했다.

고문서를 찾아 연구하며 택견의 원형을 수집하고 복원, 접목시키는 일에 매달렸다. 그는 결국 1995년 제2대 택견 예능보유자로 지정됐고, 택견 보존과 전승의 길을 걷고 있다.

"제가 열심히 후학을 양성하며 택견 예능보유자로 인정받았습니다. 당시 최연소 무형문화재 보유자로 지정받았지요. 그리고 오늘날, 우리 제자들이 (택견을) 많이 복원했죠. 하지만 아직도 가야 할 길은 멉니다."

고집스럽게 지켜온 지난 시간. 하지만 그는 "아직 멀었다" 말한다. 두 스승이 그토록 고집스러웠듯, 자신도 한길만을 걸어왔다. 그리고 이제는 제자들을 통해 그 고집스러운 길을 이으려 한다. 택견을 지키기 위해. 택견의 맥을 잇기 위해. 우리의 전통을 지키기 위해.

★ 고구려 시대의 고유 무예
우리 전통 무예의 으뜸인 택견. 유연한 동작으로 손과 발을 순간적으로 우쭉거려 생기는 탄력으로 상대방을 제압하고, 자기 몸을 방어한다. 무예의 강인함과 풍류의 신명을 가진 우리만의 고유 무예, 택견이다.

고구려 시대 고분벽화에 택견하는 모습이 그려져 있는 것으로 보아 삼국시대에 이미 행해진 것으로 유추된다. 고려 시대에 와 무술로서 기술이 더욱 발달하여 무인들 사이에 무예로 성행하게 됐다.

AD 4세기경 만들어진 고구려 무용총엔 맨손무예를 뜻하는 일명 〈수박회도〉라는 벽화가 남아 있다. 그 속에는 이제 막 손과 발로 공격을 시작하려는 두 사람의 움직임이 생동감 넘치게 담겨 있다. 고구려 안악 3호분에도 〈수박도〉라는 벽화가 남아 있다. 오른쪽 장사는 무릎을 펴며 공격하려는 듯하고 왼쪽 장사는 발을 벌리고 방어하려는 모습이다.

백제의 옛 수도 부여에서 발견된 금동대향로. 7세기 백제 최고의 금속공예 기술을 자랑하는 금동대향로에서도 택견의 역사를 찾아볼 수 있다. 향로 표면의 여러 조각 중 맨손무예를 하는 백제인의 모습이 있는 것이다. 경주에서 발견된 8세기 신라 고분에서도 맨손무예를 하는 병사상이 발견됐다. 수박이나 택견의 오랜 역사를 추정해볼 수 있는 유물이다.

"수박은 우리 고대로부터 내려온 우리 무술들을 총칭한 한자식 표현이라고 말씀드릴 수 있습니다. 손 수(手)자 칠 박(拍)자를 써서, 주로 손으로 상대방과 겨루는 무술을 수박이라고 표현해왔죠."

고려의 역사책에도 수박이 매우 성행했던 사실이 기록돼 있다. 1179년 고려 의종 24년, 왕이 무신들에게 맨손무예인 수박겨루기를 시켰다는 기록이 남아 있는 것이다.

'왕이 보현원 가는 길에 오문에 이르러 이곳은 군사기술을 연습할 만하다고 하였다. 무신들에게 명령하여 오병 수박회를 하게 했다.' - 〈고려사〉 내용.

수박이 곧 고려 무신들의 등용 기준이자 반드시 갖춰야 할 중요한 무예였던 것이다. 〈조선왕조실록〉에도 수박을 잘하는 이를 군사로 선발했다는 기록이 남아 있다.

수박은 조선의 중요한 무과 시험 과목이기도 했다. 주로 맨손무예는 병기를 대신할 정도로 날카로운 공격을 갖게 된다. 전쟁에서 주로 사용하는 무술은 손 중심 무술이 중요한 특징이다.

조선의 무예를 집대성한 무술교본인 〈무예도보통지〉. 그 속에 맨손권법의 순서도가 있다. 무기의 발달로 맨손무예의 중요성은 줄어들었지만 여전히 전통 무예의 명맥을 잇고 있었던 것이다.

1846년 조선 후기, 혜산 유숙의 그림 〈대쾌도〉에는 민간에 전승되던 전통 택견의 모습이 담겨 있다. 한양 광희문 앞에서 벌어진 씨름 한판. 바로 곁에선 옷자락을 허리에 맨 두 사람이 택견 자세를 취하고 있다. 군사무술이 민간에서는 재미있는 놀이와 경기로 변모해간 것이다. 군사들에

의해서 무술이 발전되는 것은 상대적으로 민간에서 그런 무술들을 놀이화하는 데 큰 영향을 주어, 다양한 민간 무술을 발전시키는 배경이 됐다.

하지만 일제의 민족문화 말살 정책에는 택견도 빗겨가지 못했다. 법으로까지 금해졌으며, 그 맥은 끊겼다. 그러다 송덕기 옹과 신한승 선생의 노력으로 세상에 빛을 보게 된 택견. 정경화는 택견계의 큰 어른 송덕기 옹과 신한승 선생의 직계 제자로, 현재 유일한 택견 인간문화재다.

* 부드러움은 강함을 이긴다
택견은 손발과 몸동작이 근육의 움직임과 일치한다. 또 유연하며 자연스럽게 주고받을 수 있는 전통 있는 무술이다. 음악적이며 무용적인 리듬을 지니고 있어 예술성 또한 짙다.

외유내강(外柔內剛), 정중동(靜中動). 택견을 설명하기 적합한 말이다. 부드러운 택견. 흐느적거리기도, 때로는 우쭐거리기도 한다. 굼실굼실 능청거리다가 상대방을 확 낚아채는 순간동작은 재빠르다.

동작의 유연성과 몸의 유연성. 다리를 찢거나 허리가 휘는, 동작을 자유자재로 할 수 있는 몸의 유연성은 필수다. 여기에 리듬감을 갖춘 동작의 유연성. 그 부드러움이 관건이다. 굼실거리는 가운데 상대의 공격을 흡수한다. 공격보다는 걸이로 상대의 다리를 잡아 넘겨 쓰러뜨리는, 부드러움 속에 강함이 있다. 부드러운 동작 사이, 강하게 내지르는 힘. 바로 '지키는 무술' 택견의 힘이다.

"굼실대주면서 상대방의 공격으로 내 몸이 받는 충격을 완화시켜줘요. 부드러운 동작을 취함으로써. 그러면서 완화된 동작에서 리듬을 타면서 상대방의 공격을 잡아 제압하기 때문에 그런 속에 강함을 갖추고 있습니다."

춤을 추듯 굼실거리며 느릿느릿 움직이는 모습 속에서 정경화는 스스로를 연마하고 강인함을 배웠다.

택견의 또 다른 특징은 연속성이다. 여러 기술이 물 흐르듯 이어지며 다양한 공격과 방어가 동시에 이뤄진다. 택견의 중심은 높지도 낮지도 않은 몸의 가장 중심에 있다. 무예의 중심이 안정적이라 공격과 방어가 자유롭고 그만큼 민첩하게 기술을 전환할 수 있다.

"물이 흘러갈 때 빠르기도 하고 천천히 가기도 하고, 멈춰 있기도 하지 않습니까. 세계 어떤 무예도 품밟기를 하면서 박자에 맞춰 리듬을 타는 무

예는 없어요."

택견의 또 다른 특징은 다양성에 있다. 택견은 태권도의 발차기나 씨름의 걸기, 메치기 등 다양한 기술을 같이 쓸 수 있는 복합 무예다.

★ 곡선에 깃든 생명력

계곡을 흐르는 물과 숲을 스쳐가는 바람처럼 택견의 기본 동작은 자연 그대로를 닮았다. 택견의 첫걸음은 품밟기에서부터 시작된다. 양발을 삼각형 모양으로 교차하며 몸에 리듬을 불러일으키는 자세인 품밟기는 택견의 시작과 끝이다. 굼실굼실… 능청능청… 발이 닿는 곳이 마치 품자와 같다 하여 붙여진 이름. 품밟기는 공격과 방어를 자유롭게 할 수 있는 택견의 기본 자세다.

양팔로 원형의 선을 그리는 활갯짓. 이는 상대방의 시야를 흐리게 하는 효과와 함께 공격과 방어를 자유로이 할 수 있게 하는 자세다. 이 두 자세로

인한 독특한 몸놀림과 섬세하고 부드러운 곡선은 택견의 특징이다.

"택견의 가장 생명력이라고 할 수 있는 것이 바로 품밟기입니다. 택견의 독특한 몸놀림, 굼실거리고 능청거리는 이런 동작이 바로 품밟기에서 나오는 것이죠. 품밟기와 활갯짓, 이것이 택견의 생명력이라 이해하면 됩니다."

택견에서 손으로 상대를 공격하는 것을 손질이라 한다. 손의 방향에 따라 가로밀기, 세워밀기, 덜미잡이 등 다양한 활용법이 있다. 상대방의 목을 낚아채면서 중심을 흩트려놓은 상태에서 다리를 걸어 상대를 넘어뜨리기 쉽게 만들기 위해 사용하는 것이 바로 손질인 것이다.
택견에서 공격의 가장 기본이 되는 것이 바로 발질이다. 발질은 겨루기에서 상대를 걸어차거나 걸어 넘길 때 사용하는데 택견에선 모두 곡선적인 발질을 한다.

"가장 좋은 자세를 유지하는 사람이 가장 좋은 기술을 구사할 수 있는 겁니다. 무예뿐 아니라 모든 것이 기본이 튼튼하게 잡혀 있을 때 기본기를 중심으로 해서 창의적인 기술을 구사할 수 있게 되는 겁니다."

택견은 기본 기술만 잘 수련하면 여러 가지로 응용할 수 있는 무술이다. 화려한 기수대결을 벌이는 택견의 맞서기. 품밟기와 활갯짓을 기본으로 유연한 동작을 이어가는 택견은 다양한 방식으로 서로의 힘을 겨룰 수 있는 한국의 멋스러운 전통 무예다.

* 몸과 마음이 하나가 되는 예술

'굼실굼실~ 이~크, 에크~.'

몸은 앞뒤 좌우로 흔들고 팔은 이리저리 허공을 휘젓는 모습. 춤 같기도 무술 같기도 한 우리의 전통 무예 택견.

택견은 3박자로 호흡과 동작이 이뤄진 데다 그 움직임이 부지불식간에 한국인의 눈에 익고 몸에 배어 있기 때문에 어린아이들조차 쉽게 따라할 수 있다. 부드러운 동작과 곡선의 몸놀림으로 이루어져 근육이나 관절에 무리한 힘을 가하지 않기 때문에 여성들에게도 적합하다. 또 발질이나 걸이 기술 등은 근력 보강과 호신 기능에도 탁월하고, 호흡법은 정신 수련과 집중력에 큰 도움을 준다.

무엇보다 택견은 인간이 몸으로 표현하는 가장 아름다운 놀림의 무예이자 우아한 기예다. 수십 년 연공한 고수의 몸놀림을 지켜보자면 자신도 모르게 황홀경에 빠져들고 만다. 동작은 바늘 끝처럼 최소한의 모양으로 응축돼 작아진 채로 군더더기 없다. 흐트러짐 없이 고도로 절제되어 있다. 하지만 그 안에서 장중한 힘을 뻗는 고수의 몸놀림. 감탄을 넘어 찬미를 불러일으키는 예술의 세계다. 정경화는 40여 년, 이 장중한 힘에 이끌려 춤을 추듯 택견에 취했고, 수련을 하듯 몸과 마음을 하나에 집중했다.

마치 음악을 타고 흐르듯 유연한 움직임 속에 숨어 있는 택견. 그곳에서 택견의 부드러운 품밟기와 활갯짓이 나온다. 강함과 약함이 조화를 이루고 센 것과 부드러운 것이 교차하는 사이 순간적으로 응집된 강한 힘이 표출된다.

택견은 우리 민족이 수천 년을 간직해온 아름다운 몸짓이다. 문화유산. 민족의 핏줄로 전승된 것으로, 후세가 반드시 아끼고 지켜야 하는 예술, 그것이 바로 문화유산이자 택견이다. 태평양보다 더 큰 소명으로 사지를 불태우며 살아온 무예인, 정경화의 눈은 청년의 몸처럼 열정으로 들끓고 있다.

★계속되는 택견 전승의 길

매년 가을, 충주 택견전수관에선 택견 공개발표회가 열린다. 한 해 동안 갈고닦은 택견 실력을 선보이며 한국 전통 무예의 지평을 넓히는 자리다. 화려한 손질과 발질로 겨루는 맞서기 한판. 기술이 진화할수록 무예의 깊이도 깊어진다.

고대로부터 현대까지 이어져온 한국 맨손무예의 맥. 오직 사람에게서 사람에게로 전해져온 전통 무예의 생명력은 과거도, 현재도, 미래에도 계속되고 있다. 때문에 정경화는 두 스승의 유지를 잊지 않는다. 스승들이 삶으로 말한 택견의 길. 그는 오늘도 제자 양성에 매진한다. 택견의 심장이 계속 뛰는 것. 그것이 그의 책임이자 그의 길이다.

"무형문화재는 한번 왜곡되면 두 번 다시 복원이 불가능합니다. 생명력이 끊기는 거죠. 그래서 전수가 필요한 것이고, 사람에게로 전수되는 것이 가장 중요해요."

전통은 전통 그대로 전해지는 것이 중요하다. 택견 역시 올바로 전하기 위해선 정확한 기술 교육이 우선이다. 매월 열리는 택견 국가전수자교육은 전국에서 온 택견인들의 열기로 뜨겁다.

8시간 교육을 3년간 한 번도 빠지지 않아야 288시간이다. 288시간이라는 인고의 시간을 견딘 자만이 국가 이수자 평가 대상자가 될 수 있다. 정경화는 1988년 택견을 시작한 이후 딱 20년 만에 이수자가 됐다. 꿈을 포기하지 않은 자에게 돌아온 보상이다.

문화재로서의 택견. 때문에 원형 보존은 무엇보다 중요하다. 정경화가 288시간이라는 인고의 시간을 견딘 이유이기도 하다. 아울러 전수자들을 바라보는 그의 눈이 매서울 수밖에 없는 이유이기도 하다. 부드러우

면서도 호랑이 같은 정경화. 그는 택견과 똑 닮아 있다.

★ 태평양을 건넌 한국 전통 무예, 택견

2011년 여름, 미국 워싱턴에 한국 전통 무예 택견이 소개됐다. 역사와 문화를 넘어 한국 전통 무술과 미국이 만나는 순간이다. 미국 전역에서 한국 무술을 배우는 무예인들이 한자리에 모였다. 그 속에 택견 인간문화재 정경화가 있다.

푸른 눈의 무예인들 앞에서 선보인 한국의 택견. 미국인들에겐 아직 낯선 무예인 택견. 부드러운 품밟기와 유연한 활갯짓 사이 날카로운 공격이 번득이는 독특한 무예. 택견은 짧은 시범만으로도 미국인들에게 강한 인상을 남긴다. 일본의 '강함'과 쿵푸와 같은 중국의 '부드러움'을 합친 한국의 무술은 '부드럽고 강'하다.

전 세계 수천 개에 이르는 무예와 무술. 화려하고 현란하다. 공격적이고 부상을 동반한다. 하지만 택견은 다르다. 어찌 보면 우스꽝스럽고 촌스럽기까지 한 택견은 아름다운 춤동작과 매서운 손발의 놀림, 허허실실 속에 상대를 제압하는 능력까지. 세계인들을 매료시키기에 충분하다.

아름다운 무술. 그것은 한국인의 보물이고 세계인의 보물이 되고 있다. 택견은 언어를 넘어 벽안의 무술인들에게 다가서고 있다. 택견에 매료돼 한국 찾아 택견을 배우고, 마침내 미국에 택견전수관까지 연 외국인도 있다.

주로 태권도를 배워왔던 학생들은 택견의 부드러운 동작이 낯설기도 하다. 그러나 마음을 여는 순간, 새로운 무예의 세계를 경험하게 된다. 한국 전통 무예 택견은 미국인들의 가슴속에 새로운 씨앗으로 자라나기 시작했다. 미국 속의 택견. 세계인의 택견을 만드는 것이 정경화가 꿈꾸는 미래다.

"현지인에 의해서 택견을 가르칠 수 있다는 것. 이것은 소수지만 앞으로 택견의 발전 가능성을 보여주는 일부분이라고 생각합니다. 우리의 몸짓이 외국인들에게 쉽게 다가갈 수 있다는 것을 느끼고 있습니다."

★ 세계 택견대회에 참가한 외국인들

2011년 8월, 충주에서 세계 택견대회가 열렸다. 유럽과 중동, 아시아와 아프리카에서 온 택견인들이 서로의 실력을 겨루는 한마당이다. 택견대회가 열리자마자 비장의 한판이 펼쳐졌다. 매년 참가자들의 실력이 늘어 두 번째 참가하는 호주 대표 선수도 긴장을 늦출 수 없다. 드디어 나선 맞서기… 그간 갈고닦은 택견 기술로 결정적인 승부수를 띄운다.

마치 춤추듯 유연한 택견의 동작. 승패를 겨뤄왔던 날선 무술은 멋스러운 전통 예술로 바뀐다. 궁실거리고 능청거리는 몸짓 속에서 공격과 방어가 이뤄진다. 마침내 세계 택견대회의 결승전이 열리고 치열한 맞서기 한판이 펼쳐졌다. 드디어 최종 우승에 성공하고 금메달을 품게 된 호주 대표 선수. 한국의 전통 무예 택견이 세계 속으로 퍼져나가는 순간이다.

"택견은 우리의 소중한 문화재이기 때문에 전 세계인들과 함께 키워가는 것이 더욱 보람 있는 일이라 생각합니다."

외국인들은 택견을 두고 이렇게 말한다. "전통문화가 진화해 훌륭한 예술이 되었다"고. 그리고 "단순한 무술이었던 것이 진정한 예술로 진화

된 것"이라고. 바로 정경화가 그토록 모질고 힘겨운 외길을 걸어온 이
유다.

한국적인 느낌, 한국적인 리듬, 그리고 한국 무술은 택견밖에 없다. 우리
의 것, 우리의 모습을 알리는 것에서 정경화는 상당한 자부심을 느낀다.

＊택견의 얼을 잇다

택견의 근간에 흐르는 정신은 '참'이다. 거짓이 아닌 진실, 악이 아닌 선
이 곧 참이다. 진정한 무예인이라면 마음부터 다스릴 수 있어야 하는 법.
올곧은 정신에서 선한 무예가 나온다는 선조의 가르침이다.

"기술 수련보다 마음 수련이 더 중요한 부분이고 더 어렵습니다. 조상들의 얼과 혼이 깃들어 있는 것인 만큼 그만한 정신을 가지고 수련에 임해야 앞으로 택견이 자자손손 이어질 수 있습니다."

정경화는 택견의 가능성을 써 내려가고 있다. 인종과 무술 분파를 떠나 하나의 무술로 마음을 감동시킨다. 전통 무예가 세계로 뻗어나갈 수 있는 새로운 빛이 정경화를 통해, 그의 제자들을 통해 밝혀지고 있는 것이다.
오늘도 여전히 정경화와 그의 제자들은 수련을 한다. 택견은 단순한 기술 연마만이 아닌 정신 수양이다. 그것은 이들이 오래전부터 시작된 택견을 간직하고 또 전수하는 중요한 마음가짐이 된다.

역사의 어둠 속에서도 택견은 그 빛을 잃지 않은 채 되살아났다. 고대로부터 수천 년 동안 이어온 전통 맨손무예의 맥, 택견. 하늘과 땅의 기운을 품고 자연에서부터 시작되는 전통 무예 택견. 응축한 기운을 잘 다스려 뿜을 때 비로소 택견의 힘찬 위용을 드러낼 수 있다. 대자연의 일부가 되어 끊임없이 마음을 닦고 몸을 단련하는 택견인들. 그 속에 택견의 참된 길이 있고, 정경화가 있다.

Q. 택견은 체계화 없이는 그 맥을 잇기가 쉽지 않은 것 같습니다. 특히 무술이라는 것이 눈으로 보아야 알 수 있는 것이니까요.

후학을 위해 반드시 체계화를 시키지 않으면 안 됩니다. 옛날에는 그냥 뜰이나 마당에서 전수를 했거든요. 하지만 세월이 흐를수록 택견을 배울 사람들은 줄어들고, 이에 따라 자연스레 소멸될 위험에 처하게 된 거죠. 이에 신한승 선생님이 5~6년 서울을 왕래하시며 송덕기 선생님께 배운 동작들을 하나하나 정리하며 체계화시키신 겁니다. 예를 들면, 현재 택견의 낱기술들을 연결하여 조화롭게 선보이는 방식으로 수련을 하는데 총 8마당으로 이어져옵니다. 이 본때뵈기 8마당이 신한승 선생님이 체계화시키는 과정에서 정립하게 된 수련법입니다.

결국 이러한 스승의 노력이 있었기에 택견이 국가 문화재로 지정되기도 했습니다. 송덕기 선생님은 구한말 시대의 택견을 이어오신 명인으로서 역할을 해주셨고, 신한승 선생님은 이를 체계화시키셨습니다.

Q. 택견을 그냥 내버려뒀다면 우리의 무예가 소멸될 수도 있었겠네요?

그렇죠. 무예라는 것이 갑자기 보급되는 게 아닙니다. 수십 년을 흘러가며 서서히 보급되는 거죠. 그 환경이 열악할 수밖에 없습니다. 태권도나 당수도, 공수도는 알아도 택견은 잘 몰라요. 진정한 우리의 무예인데도 불구하고 그 용어조차 생소한 거죠. 1960년대 초에 문화재보호법이 공포됐습니다. 우리의 전통 무예이자 문화인 택견 역시 사라져가는 우리의 전통문화를 지킨다는 차원에서 문화재로 지정돼야 하거든요. 당시 '조상의 얼과 혼이 깃든 무예가 이 시대에서 끝나선 안 된다'는 문제의식으로

신한승 선생님이 매진하셨죠. 그 결과 문화재로는 최초이자 유일무이한
무예로 등록이 됐습니다.

**Q. 선생님께서는 처음 건강 차원에서 택견을 하셨습니다. 마음속으로 '이것
이 내 길이다'라고 생각을 하셨나요?**

아닙니다. 그냥 순수하게 택견의 가치를 알 수 있는 것도 아니고, 우리
고유 무예다 보니 이왕이면 잘하고 싶고, 더 알고 싶었습니다. 어린 시절
부터 우리 고유 문화에 관심이 많았어요. 그러다 보니 이왕이면 무예도
진정한 우리의 무예가 있다면 그것을 해보자는 생각이 든 거죠.

처음에는 낮에는 일을 하고 퇴근 후에는 전수관에서 학생들을 가르치곤
했습니다. 그러다 결국 18년 만에 공직 생활을 그만두고 전수관에만 매
달리게 됐죠. 가장 중요한 것은 우리가 무엇인가에 전념하기 위해서는
그것이 생활이 되지 않으면 안 된다는 것입니다.

Q. 아직 갈 길은 멀지만 전국에 전수관이 생기고, 택견을 배우고자 하는 사람이 늘어나 보람을 느끼실 것 같습니다.

문화재 지정만 되면 만사가 형통할 줄 알았는데 현실은 어렵더라고요. 타 무술 하는 고단자들만 관심을 보일 뿐 일반인들은 택견이 문화재인지 관심이 없었어요. 하지만 신한승 선생님이 정말 노력 끝에 정립을 하셨고, 오늘날 제자들이 이를 복원해 많이 나아졌습니다. 하지만 아직도 갈 길이 멉니다.

안타까운 것은 앞서도 말했지만, 문화재라는 것이 국민이 외면하면 문화재가 아니에요. 문화재의 주인은 국민이거든요. 국민들이 주인의식을 가지고 조금 더 관심을 가져야 합니다. 무예라는 것은 수십 년 흘러가야 차츰 보급되는 것이기 때문에 앞으로 희망을 가지고 명맥을 이어가려 합니다. 세계 택견대회 등을 통해 택견이 해외 진출까지 되고 있는 상태라, 전 세계적으로 보급되는 길이 열릴 것으로 보입니다.

Q. 개인적인 포부나 바람이 있다면.

평생 택견의 길을 걸어오며 가진 제 바람은, 택견에 대한 국민의 관심입니다. 특히 무형문화재라는 것은 한번 왜곡되거나 소멸되면 두 번 다시 복원할 수 없어요. 불가능하죠. 맥이 끊긴다는 건 결국 생명력을 잃는다는 말과 같습니다. 때문에 전수의 필요성이 중요한 겁니다. 인내로써 후손에 전수해야 합니다. 국민이 문화재에 대한 '주인의식'을 가져야 합니다. 택견뿐만 아니라 우리의 소중한 문화재를 우리가 후학들에게 올바로 원형을 보존시켜주는 게 중요한 거죠.

더불어 이러한 문화재가 잘 보존되기 위해서는 관련자들만의 노력으론 안 됩니다. 택견 관련자들에게만 맡길 게 아니라 대중화를 통해 우리가 함께해야 하는 거죠. 자라나는 학생들에게 어릴 때부터 자연스럽게 우리의 문화재를 접할 수 있는 기회를 제공하고 대학에는 관련 학과를 개설해 젊은 친구들이 택견을 접할 수 있도록 해야 합니다. 이것이 저의 바람입니다.

나에게 이 길은 …

각도인 장주원
"너무 간단해도 안 되고,
또 번다해도 안 되는 게 이 길이자,
인생의 길이죠"

자기와의 경쟁이에요. 인내와 집중력과. 그런 것을 옥과 제 자신이 경쟁하는 거죠. 아름다움은 진실함에 있어요. 너무 간단해도 안 되고, 또 번다해도 안 되죠. 너무 기교스럽게도 안 되고 간단한 것 같으면서도 있을 건 다 있고, 또 번다하면서도 갖출 것 다 갖추고 하는 것이 각의 길이에요. 그리고 그것이 바로 우리 인생의 길인 것 같기도 해요.

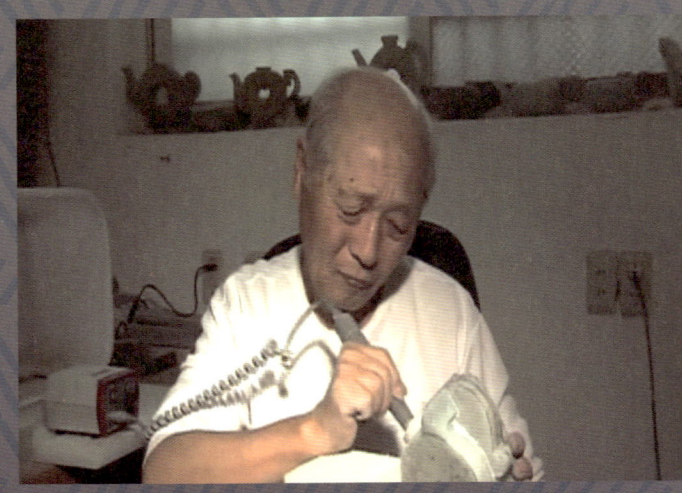

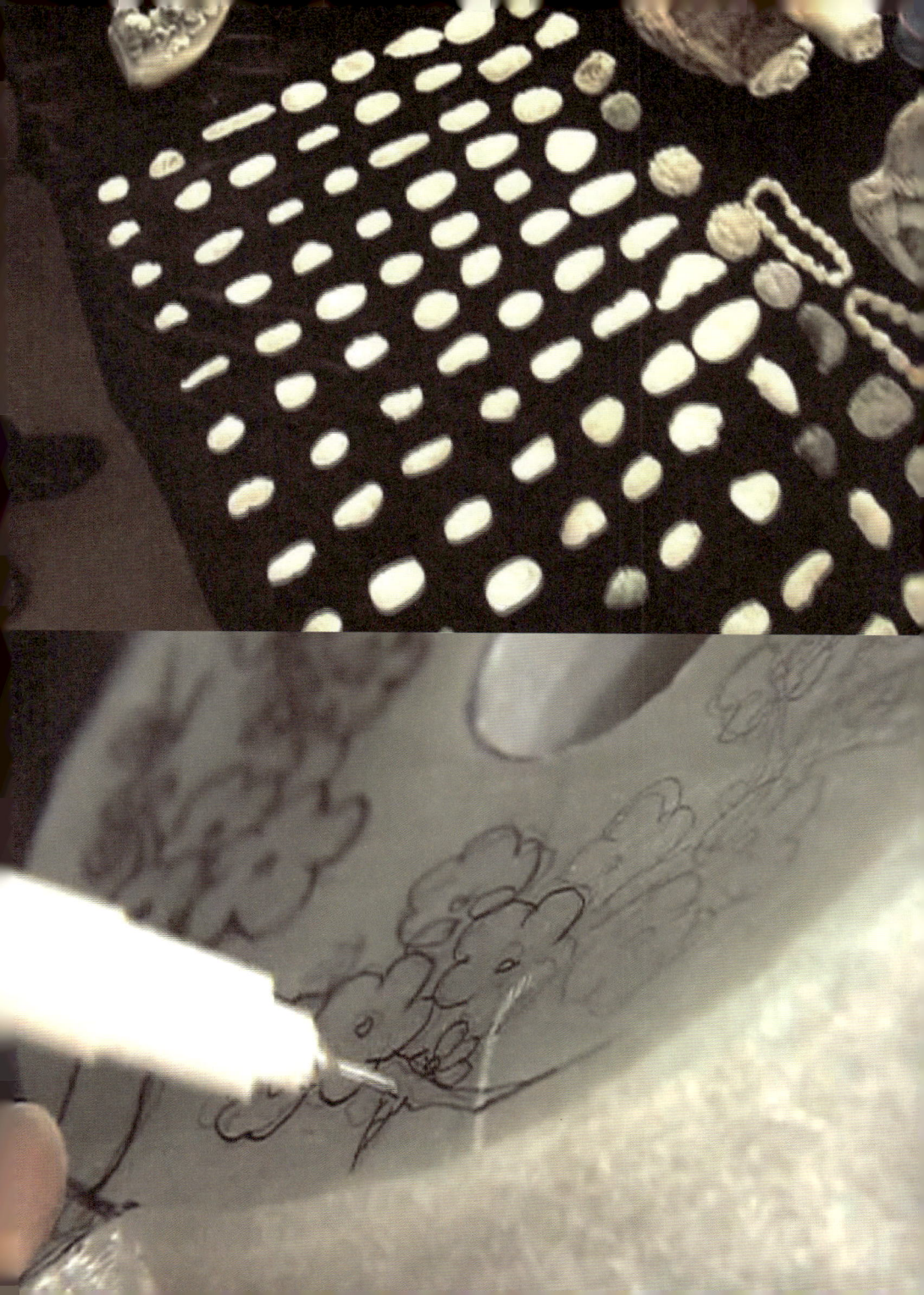

진실, 아름다움의 진리는 진실에 있다

대한민국 옥 예술의 길을 새기다,
각도인 장주원

★ 프롤로그

이것은 하나의 돌.

단단하나 부드럽고, 차가우나 투명하며, 저마다 다른 색깔로 빛나는.

돌 중에 가장 아름다운 돌.

우리는 이것을 '옥'이라 부른다.

저마다 다른 빛깔로 빛나는 돌, 옥.

수천 년 전부터 귀한 장신구로 여겨졌지만 누군가 갈고 닦지 않으면 그저 하나의 흔한 돌일 뿐이다. 뼈를 깎는 노력과 시간과의 싸움으로 탄생하는 예술품. 바로 '옥'이다.

★ 어깨너머의 유혹

한국적인 옥 예술을 꿈꾸며 살아온 세월이 벌써 50년. 각도인 장주원은 금은 세공을 하던 아버지의 어깨너머로 보석 가공을 익혔다. 음악을 좋아하던 소년은 후에, 꽤나 이름이 알려진 보석 세공업자로 성장했다. 어느 날, 깨진 옥 향로를 고쳐달라는 의뢰가 들어오면서 그의 삶은 바뀌게 된다. 소문난 세공업자. 서울 전역을 다녀도 하지 못했던 수리를, 장주원은 '뚝딱' 해냈다. '손재주가 비상한' 장주원이다.

하지만 금은 세공과 달리 중국에서 만든 옥 향로의 수리는 여간 어려운 것이 아니다. 하지만 장주원은 포기하기보단 도전을 선택했다. 옥 향로 앞에서 옥공예에 대한 도전 의식을 키웠던 것이다.

"제가 옥공예를 해보려고 하자 '네가 그걸 하면 손에 장을 지진다'며 부정적인 의견이 많았어요. 그래서 오기로 도전한 거죠. 그리고 성공한 겁니다."

깨진 옥 향로 하나가 한 사람의 인생을 바꿨다. 그리고 1996년 그는 중요무형문화재로 지정됐다. 2006년엔 공예 분야 최초로 화관문화훈장까지 받았다. 대한민국을 대표하는 옥장이 된 것이다. 하지만 그의 옥공예 길에 탄탄대로만 있었던 것은 아니다. 잘나가는 보석 세공을 그만두었을 때, 아내의 반대는 만만치 않았다. "옥만 하지 않으면 살 수 있다. 옥만 치워달라"고 아내는 소원했다.

가족의 반대를 무릅쓰고 시작한 옥공예의 길. 어려움 또한 빨리 찾아왔다. 국내에선 옥공예를 배울 만한 스승이 없었던 것. 수교 전이라 옥공예의 종주국이라는 중국으로 건너갈 수도 없었다. 대만의 박물관을 찾거나, 책에 매달린 채 독학의 시절을 보내야 했다.

"진리라는 것은 내가 하다가 보니까 어떤 것이든지 자신이 생겨요. 이 옥공예를 다루다 보니, 듣지도 보지도 못했는데 내 나름대로 혼자 터득을 하며 독학을 하다 보니 하나하나 완성되면 그렇게 재미가 있을 수 없죠."

스스로 깨치는 즐거움이야 있었지만 책들 외엔, 옥공예를 배울 만한 스승이 없었다. 우리나라에도 분명, 옥을 다루는 이들이 있었는데 말이다.

* 전설이 되다
우리나라의 옥기는 청동기 시대부터다. 청동기 시대 제사장의 목걸이를 통해 고대의 옥은 신분이 높은 계층에서 사용했음을 알 수 있다. 또한

500년 역사의 조선 왕조는 군자의 덕을 옥에 견주었다. 임금의 복식에는 옥이 빠지지 않았으며, 오복의 의미를 옥에 담았다. 이에 옥장 역시 왕실이 직접 관리했다. 금이나 은이 아닌, 옥으로써 예복을 장식하고 겉에 드러나게 하는 장식품으로 썼다. 옥은 부귀와 명예의 상징이었던 셈이다. 아무리 좋은 금이라도 세월 앞에 그 변화를 멈출 수 없다. 하지만 세상에 변치 않는 것, 하나. 바로 옥이다.

세종실록에 따르면 세종 7년, 지금의 경기도 화성인 남양의 옥이 그 소리가 좋아 악기를 만들게 했다. 옥은 우리나라에서도 생산이 됐던 것이다. 조선 시대엔 남양옥과 단천옥이 유명했다. 하지만 옥광의 개발은 매우 소극적이었다. 금, 은과 더불어 옥은 오랜 옛날부터 중국이 우리에게 요구하던 공물이었다. 그것의 생산은 곧 백성에게 커다란 짐이었다. 또한 후대에 이르러 다이아몬드와 유리가 들어오며 옥과 옥공들이 서서히 자취를 감추게 됐다.

선조실록에 따르면 선조 35년, 중국의 무리한 공물 요구는 백성들의 피폐한 삶으로 이어졌다. 우리나라의 옥 문화는 그렇게 퇴보하게 됐다. 그러나 우리나라의 옥 생산이 완전히 끊긴 건 아니다. 국내에서 유일하게 옥이 생산되고 있는 곳이 있다. 바로 강원도 춘천이다.

우리나라에서 옥이 다시 생산되기 시작한 것은 불과 40년 정도. 1960년대, 강원도 춘천 광산에서 우연히 백옥이 발견되면서부터다. 이 백옥이 바로 춘천의 옥이다. 지하 400미터. 땅속 깊은 곳에서 춘천의 옥을 만나

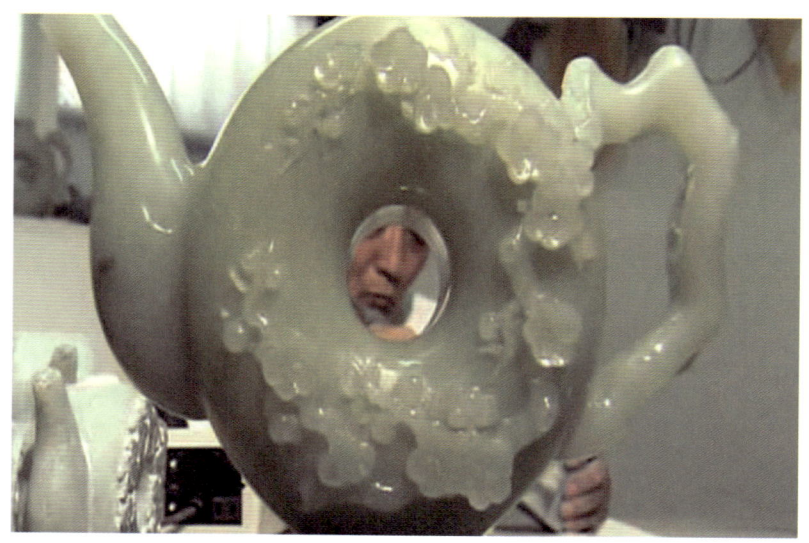

는 것이다.

춘천의 옥은 세계에서 인정받는 명품이다. 잡티가 없고 맑고 깨끗하다. 인장력이나 경도 역시 높다. 맑고 단단한 한국의 옥.

오랜 보물을 간직한 옥정수. 옥이 있는 곳에서 나온다는 샘물, 옥정이다. 옥빛만큼이나 맑고 투명하다. 동의보감에 따르면 옥정수는 맛이 달고 평온하고 독이 없다. 필수 미네랄 성분 역시 풍부하다.

*외면

억겁의 세월. 자연의 변화 속에서 한국의 옥은 그 맥을 이어오고 있다. 하지만 옥이 지닌 예술적인 감수성과 정신적인 가치는 희미해진 지 오래다. 전통 옥공예의 맥을 찾는 것. 장신구의 차원을 넘어 예술품으로서의 옥을 창조하는 일. 우리나라 옥공예는 새로운 길이 필요하다.

강원도 춘천 광산에는 현재 30만 톤가량의 백옥이 매장돼 있다. 땅속 깊은 곳이 바로 춘천옥이 채굴되는 현장이다. 옥맥에 구멍을 뚫고, 이 구멍에 다이너마이트를 터트려 옥을 채굴하는 방식으로 진행된다. 매일매일, 위험을 무릅쓰며 옥을 생산하는 광부들은, 좀처럼 옥을 몰라주는 우리나라의 현실이 안타깝다.

힘들게 캔 옥을 공물로 바치던 시절엔 옥 자체가 백성들에게 짐이었지만, 이 시대의 옥공들에게 짐은 옥에 대한 '외면'이다. 춘천옥은 거의 중국으로 수출된다. 우리 보물의 가치를 우리가 아닌, 다른 나라가 알아본다.

옥이 건강 보석이라는 것이 알려지면서 춘천 광산은 관광 코스가 되기도 했다. 옥의 기운을 직접 느껴보기 위해 전국 각지에서 많은 이들이 찾

는다. 옥에서 나오는 기가 피로 회복과 숙면을 취하는 데 좋은 효과가 있다고 전해지기 때문이다. 우크라이나의 원폭 피해 어린이들이 찾기도 했다. 옥기를 받고 건강이 좋아졌다는 기록 때문이다.

이 시대를 살아가는 우리들에게 만져볼 '우리의 옥'이 있다는 건 행운이다. 한국의 옥은 사라진 것이 아니며, 현재, 이 옥을 다룰 줄 아는 이도 우리 곁에 있다. 바로 장주원이다.

* 전통

아름다움의 완성은 순간에 있지 않다. 보석의 화려함 대신, 옥이 지닌 아름다움을 드러내기 위해선 참 많은 시간과 정성이 필요하다. 긴 세월, 작품 하나하나마다 새겨진 이야기들은 바로, 장주원에게서부터 시작됐다.

중요무형문화재 제100호, 그가 옥을 다룬 지 벌써 반세기가 흘렀다. 돌을 깎기 위해, 말 그대로 돌부처가 돼야 했던 시간이다. 작업장에 쌓인 옥만큼, 그간의 세월이 묵직하게 다가온다.

예로부터 옥은 동양에서 금, 은과 함께 대표적인 보석으로 쓰였다. 점 하나로, 임금 왕(王)자와 구분됐을 만큼 귀하게 여겨졌다. 옥같이 어여쁜 손을 일컬어 '섬섬옥수', 임금의 자손이나 귀한 자녀를 뜻한 '금지옥엽', 조정에 어진 신하가 가득함을 가리켜 '금옥만당'이라 일컬었다.

"그만큼 금과 옥은 굉장히 가치 있는 물건으로 옛날부터도 고귀하게 여겨졌어요. 그런 전통이 지금까지 내려오고 있는 거죠."

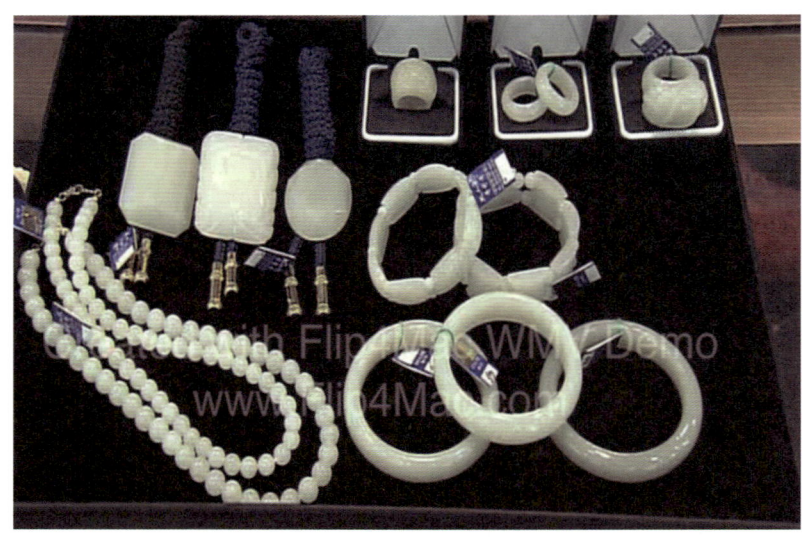

옥공예의 모든 디자인이 끝난 옥은 세부 조각을 시작한다. 장주원은 조각을 할 때 직접 개발한 치과용 기계를 사용한다. 장주원에게 옥공예는 '옥을 견디는 일'이나 매한가지다. 잠자는 시간 빼곤 하루 종일 옥을 붙들고 있다. 수만 번 갈고 닦아야, 비로소 그 빛을 발하는 것이 바로 옥이기 때문이다.

"(옥) 가루를 1kg 이상을 갈아내야 합니다. 그러니 공정이 까다로울 뿐만 아니라 시간이 걸릴 수밖에 없어요."

옥을 다루는 일은 옥을 견디는 일이나 다름이 없다. 작품을 하나 만들기 위해 적게는 수개월, 많게는 수십 년이 걸리기도 하다. 인내는 쓰고, 열매는 단 것이 인생이다. 스스로를 이기고, 시간을 견뎌냈을 때, 옥을 다루는 지혜도 찾아온다. 시간과의 싸움에서 그리고 자신과의 싸움에서 승리할 때마다 장주원은 소중한 것들을 깨치곤 했다. 잇거나 붙이지 않고 용, 그 입안에서 여의주를 깎아낸 화주 기법. 겹겹의 고리가 연결된 이중 사슬. 속을 파낸 관통 주전자까지.

스스로 깨쳐 이어온 것이기에 옥장의 연결 기술은 빛난다. 독창적인 기법 없이는 최고가 될 수 없다. 또한 새로운 기법이 아니면 최고를 뛰어넘을 수도 없다. 한계를 뛰어넘는 생각과 도전이 불가능을 가능케 한다.

하지만 이런 기술은 하루아침에 터득된 게 아니다. 실패도 수차례였다. 하지만 성공은 실패를 밑거름으로 한다. 한순간만 흐트러져도 보석은 쓸모없는 돌이 되고 만다. 공들인 보람이 끊기는 것도 한순간이다. 그것을 누구보다 잘 아는 이가 장주원이다.

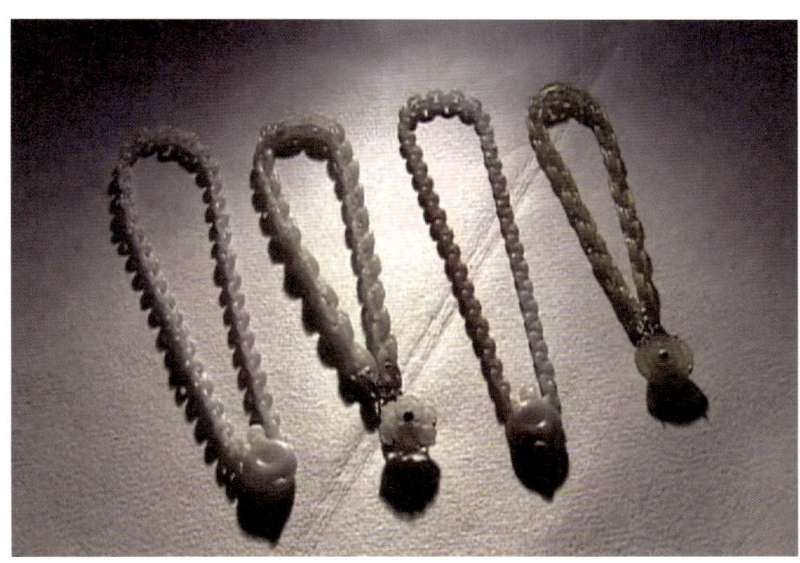

"자기와의 경쟁이에요. 인내와 집중력과, 그런 것을 옥과 제 자신이 경쟁하는 거죠. 아름다움은 진실함에 있어요. 너무 간단해도 안 되고, 또 번다해도 안 되죠. 너무 기교스럽게도 안 되고, 간단한 것 같으면서도 있을 건 다 있고, 또 번다하면서도 갖출 건 다 갖추고 하는 것이 각의 길이에요. 그리고 그것이 바로 우리 인생의 길인 것 같기도 해요."

간단하지도, 그렇다고 기교스럽지도 않은. 진실한 아름다움을 찾아내는 그 길 위에서 작품은 탄생한다. 옥을 가공하고, 입체적으로 조각을 한다. 보통 사람으로서는 상상하기 어려운 일이다. 때문에 이 같은 인고의 시간을 견뎌낸 뒤 탄생하는 각도인 장주원의 작품은 역사에 남을 수밖에 없다. 때론 싸우듯, 때론 보듬듯, 옥과 함께했다. 한평생 옥에 매달릴 수 있었던 건, 아름다움의 진리는 언제나 진실함에 있다는 가르침이 있었기 때문이다. 화려하면서도 사치스럽지 않고, 교묘하면서도 재주부리지 않는, 그것이 바로 옥이다. 그리고 한평생, 조각의 길을 걸어온 각도인, 장주원은 옥에 생명을 불어넣는다.

＊옥 종주국의 눈길을 사로잡다

옥은 일찍이 중국에서 가장 먼저, 그 가치를 인정받았다. 시대를 넘어 왕족은 물론, 일반 백성들도 언제나 생활 속 가까이 옥을 두고자 했다. 옥에 대한 중국인들의 애정은 찬란한 옥 문화를 꽃피웠고, 중국은 세계적인 옥 종주국이 됐다.

중국 북경. 북경 최고의 옥 대사가 있는 곳이다. 왕준위 대사. 국가급 대사 중 최연소이자 비취옥의 전문가. 그는 중국의 옥공예를 이끌어가고

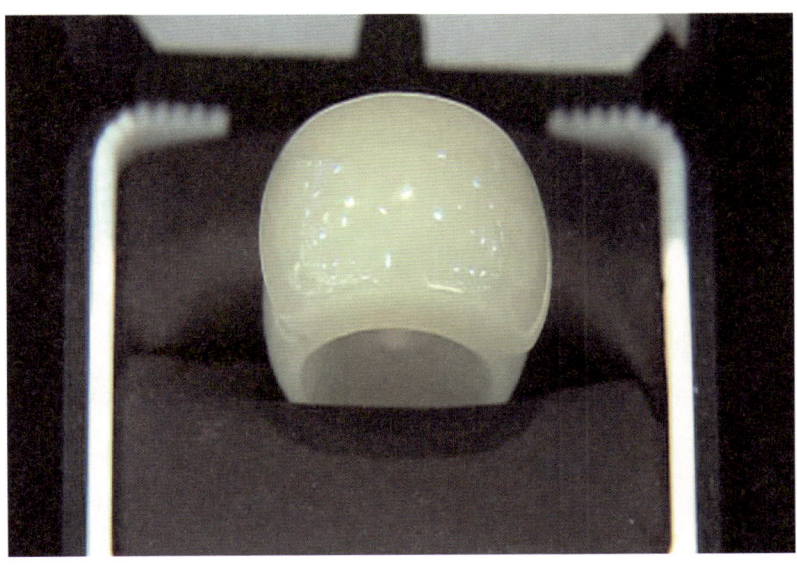

있다. 그의 작품에서는 현대적 감각과 전통의 정신이 함께 숨 쉬고 있다. 또한 그의 작품은 대중성과 함께, 작품성까지 겸비했다는 평가를 받고 있다.

젊은 장인의 작품에서, 전통을 잇기 위해 중국에서도 옛것을 새롭게 바라보는 작업들이 이뤄지고 있다. 또 한 번 중국 옥공예는 이렇게 성장하고 있다.

"대사들의 섬세한 기술과 작품의 완성도가 돋보입니다. '중화불운'이라는 작품은 우리 돈으로 900억 원을 호가합니다. 전 세계에서 가장 큰 비취옥으로 이뤄낸 하나의 기적입니다."

언어는 달라도, 한국과 중국의 옥장은 옥을 통해 소통한다. 오천 년의 역

사를 가진 중국에 비해 한국의 옥 문화는 많이 알려지지 않았다. 하지만 한국의 옥공예에, 옥 종주국의 눈길을 사로잡는 무언가가 있다.

중국의 것이 무사다운 느낌이라면 한국은 부드럽고 작품 속에 미소가 있다. 하지만 양국의 옥장은 서로의 다름을 작품으로 인정한다. 그리고 장주원은 중국의 작품을 마음에 새긴다. 우리의 옥 예술 발전을 위해.

"거대 옥 작품들은 그 시대, 그 나라의 자존심입니다. 때문에 저 역시 중국의 작품들을 봄으로써 공부를 하는 거죠. '우리나라에 어떤 대표적인 작품을 만들 수 있을까'라는 구상도 하고요."

★ 꺼지지 않은 불

수천 년 전부터 귀한 장신구로, 우리 민족과 함께해온 옥은 지금도 그 빛

을 잃지 않았다. 이웃 나라 중국도 오천 년이라는 긴 세월 동안, 꾸준히 주목하고 있는 동양의 보물이다.

하지만 아무리 고운 질과 아름다운 색을 가졌다 해도 누군가 갈고 닦지 않으면, 이것은 그저 하나의 돌일 뿐이다. 칼을 가진 자는 갈아야 하고, 옥을 지닌 자는 닦아야 하는 것처럼 말이다.

1%의 영감과 99%의 인내. 그 갈고 닦음 속에서 돌은 보석이 된다. 뼈를 깎는 노력과 시간과의 싸움에서 탄생하는 또 하나의 예술. 전통의 맥을 이으며, 우리의 아름다움을 새긴다. 바로 한국 옥공예의 새로운 판타지, 각도인 장주원의 길이다.

따라서 깊은 밤. 모두가 잠을 청하는 밤, 장주원의 지하 작업장의 불빛은 더욱 밝아진다. 그리고 작업 중인 장주원의 곁을 제자가 지킨다.

벌써 23년이다. 전통의 길을 가기 위해 옥장의 곁에서, 온전히 옥을 익혀온 제자의 시간. 하루 종일, 깎고 새겨도, 옥은 그 변화를 쉽게 드러내지 않는다. 더딘 흐름 속에서, 이제야 스승이 가르친 인내함을 배운다. 배울 곳이 없어 홀로 옥을 익혔던 스승에 비하면 그래도 운이 좋은 편이다. 제자 역시, 하나의 작품을 완성해내는 실력을 갖췄지만, 스승의 가르침은 오늘도 계속된다. 제자는 생각한다. '언제쯤이면, 스승을 따라갈 수 있을까.'

스승의 눈초리는 매섭다. 한 치의 실수도 용납하지 않는다. 그 더딤 속에 완벽을 완성했다. 때문에 제자에게도 결코 틈을 내어줄 순 없다.

"스승이 조금 못하더라도 제자가 잘해버리면 '역시 그 스승 밑에서 배워놔서 확실하다'고 칭찬을 받거든요. 그런데 반대로 '저 스승 밑에서 이런(실력이 부족한) 제자가 나왔다'는 말은 좀 안 되잖아요. 그러니 더 매섭게 할 수

밖에 없어요."

다른 장인들에 비하면 옥장에겐 옥공예의 맥을 이어갈 제자가 많은 편이
다. 공예의 길을 걷기 시작한 어린 손녀는 배움을 얻기 위해 시간이 날
때마다 서울에서 옥공예 전수관이 있는 목포까지 찾아온다. 장주원의 손
녀는 할아버지를 통해 인간문화재라는 전통의 중요함을 배웠다. 그리고
현대와 전통의 조합을 통한 디자인의 길을 선택했다.
옥공예의 맥을 잇고 있는 또 다른 제자 하나는 바로 장주원의 아들이다.
그는 아버지의 뒤를 이어 옥공예가의 길을 걸으며 경기대에서 우리나라
의 옥공예가를 꿈꾸는 학생들을 지도하고 있다. 아버지가 그랬던 것처럼
말이다.
장석 교수는 아버지가 걸어온 50여 년의 외길이 자랑스럽다. 옥 종주국

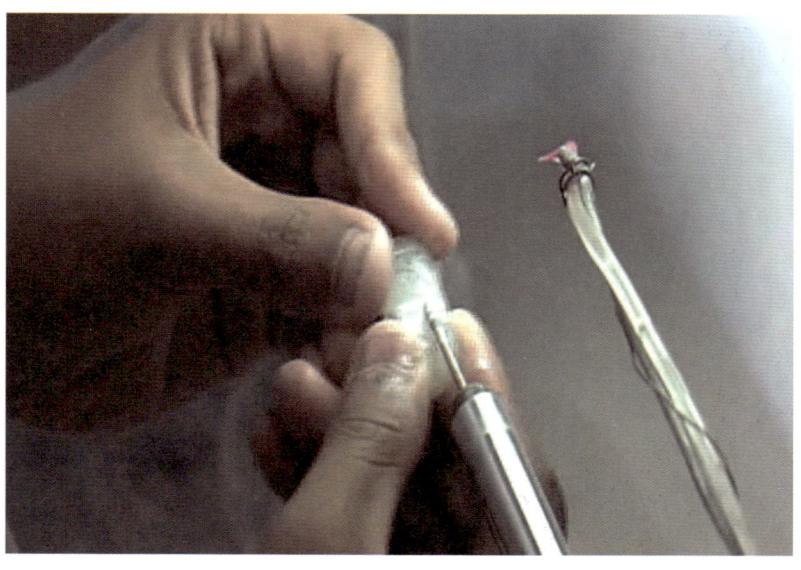

인 중국에서도 할 수 없는 여러 기법이 그의 아버지 손에서 탄생됐다. 그리고 이제는 미약하나마 그 뜻을 이어받고자 한다.

"제가 장식품 정도에 그쳤던 옥을 예술 작품으로 끌어올리기 위해 한평생을 바쳤다면, 아들은 옥을 대중화시키는 것에 노력하고 있습니다. 저로서는 후손이 제가 하고 있는 전통을 대물림 받아 그걸 계승함과 동시에 보전, 발전시킬 수 있는 길로 합류했다는 것 자체로 감사합니다. 그리고 그것을 얼마만큼 훌륭하게 잘 해내건, 못 해내건 그건 후손들의 몫이에요."

동양의 보물, 옥. 그리고 그 속에 새겨진 한국적인 선. 그 아름다움을 이제 세계가 주목하고 있다. 오늘도 각도인 장주원을 통해 전통 옥공예의 맥이 이어지고 있다. 가장 한국적인 선으로, 옥 예술을 꽃피운다. 수천

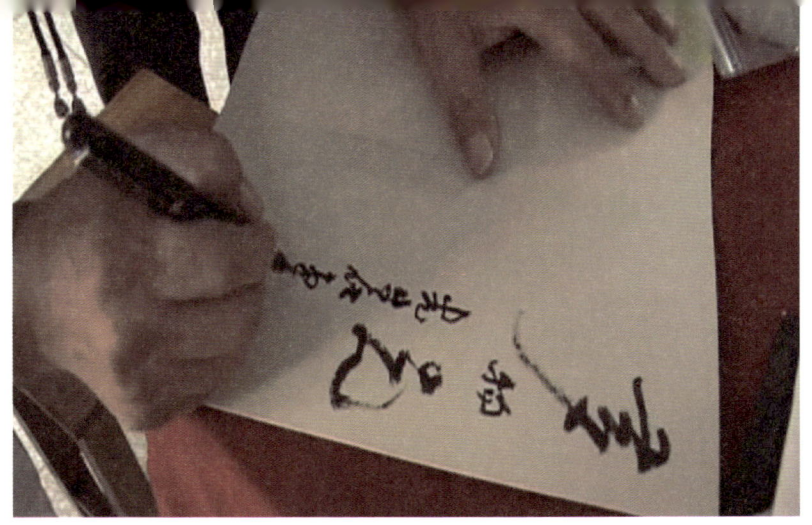

년, 찬란한 옥 문화에 도전해온 그의 삶. 옥 종주국도 놀란 대한민국의 옥 예술. 장인이 갈고 닦아낸 한국의 전통. 그 안에 우리의 미래가 있다.

"한민족의 아름다움은 생략된 간결한 선의 아름다움이 미의 극치예요. 우리 조상의 선입니다. 우리 민족의 선이고. 저는 머지않은 장래에 우리 옥공예 문화가 세계적인 것으로 인정받을 것이라 자부합니다. 드라마나 가요와 같은 한류의 붐에 이어 한국 옥공예의 한류 붐을 일으켜야지요."

1문 1답

Q. 최근 근대황실공예문화협회가 주최한 프랑스 파리 국제박람회에 참석하신 것으로 압니다. 어떠셨나요?

국내의 어려운 현실을 또 한 번 느꼈습니다. 국가의 정책과 맞지 않으니 저희도 참 힘겨워요. 파리를 가는 것도 제자들이 학습 겸 해서 가는 건데 모두 사비로 가야 해요. 좀 무모하죠. 내가 다루고 있는 전통문화를 외국인들에게 더욱더 알리고 싶은 욕심에 사비까지 지출해 가는 거죠. 때문에 이런 모습을 볼 때면 안타깝습니다. 앞으로 정책적으로 나라에서 조금만 지원을 해주신다면 아마 한국의 옥공예가 더 좋은 성과를 낼 수 있을 것 같습니다. 당시 국제박람회에서도 한민족의 전통에 대한 찬사가 끊이지 않았어요. 5천 년 장구한 문화 민족이면서도 아직 드라마나 가요 등을 제외한 한류는 미약하거든요. 국가적 지원이 조금만 이뤄진다면 한민족의 아름다움을, 우리 조상의 얼을 전 세계에 알리는 데 도움이 될 것 같습니다.

Q. 중국에 비하면 한국에는 옥을 다루는 분이 거의 없을 정도로 기반이 미약합니다. 이런 점을 놓고 볼 때 한국의 옥 문화의 수준은 어느 정도인가요?

한국 옥이 적어도 하남성 시장에서는 발전 정도가 매우 밝습니다. 구조적인 면에서나 기술적인 면에서나요. 한국 옥을 모방하는 사례도 굉장히 많아요. 단지 한국 옥이 중국에 늦게 알려졌기 때문에 아직은 한계가 조금 있는 것입니다. 한국은 여백의 미를 살리는 게 아름다움의 극치잖아요. 한국적 디자인은 세계에서 인정받고 있습니다. 모두들 '이런 디자인은 처음 봤다'며 찬사를 아끼지 않아요. 굉장히 정밀하고 색깔도 좋습니다. 세공하는 데 있어 기술 수준도 높아요. 또한 한국의 옥은 굉장히 온순하고 물러 보이지만 강도가 아주 좋습니다. 때문에 후발 주자로 출발했지만 향후 발전 속도는 굉장히 빠르다고 생각됩니다.

Q. 아무래도 옥 종주국인 중국과 비교를 할 수밖에 없는 것 같습니다. 중국엔 옥을 체계적으로 가르치는 학교가 있는 것으로 아는데, 이런 점이 많이

부러우실 것 같습니다.

좋은 인재를 많이 길러내는 것이 저의 꿈이자 희망입니다. 물론 거기까지는 많이 힘들겠죠. 때문에 중국을 방문할 때면 '한국에도 이런 옥공예 문화의 기틀을 마련할 수 있으면 얼마나 좋을까'라는 생각을 많이 하게 됩니다. 아무래도 중국 아이들은 어려서부터 옥을 가까이서 배우고 접할 수 있기 때문에 옥이 우리보다 훨씬 생활 깊숙이 파고들어 있어요. 늘 생활 가까이에 있었으니, 전문적이진 않더라도 일상적으로 옥을 알고, 옥을 사용할 줄 아는 거죠. 이런 환경이 자연스레 옥공예 공부로까지 이어지는 것입니다. 그러니 이 같은 중국의 문화와 환경이 옥공예 문화를 더욱 발전시키는 원동력이 되는 것입니다. 부럽습니다.

Q. 옥공예 관련 공구들을 중국에서 많이 들여오는 것으로 압니다. 아직 우리나라에선 공구를 구하기가 힘든가요? 결국 이것이 중국과 한국의 옥공예가 차지하는 비율과 영향과도 관계가 있는 것 같습니다.

한국에서는 구할 수가 없어요. 쓰는 사람이 많지 않으니까요. 설혹 주문을 해도 몇천 개 단위로 해야 하기 때문에 단가가 세지요. 게다가 한국에서 주문을 하려면 시간이 오래 걸리기에 차라리 경비를 들여 중국으로 가 다양한 공구를 구입하기도 합니다. 하지만 기술적인 면에서는 다릅니다. 한국이 중국을 많이 따라왔어요. 중국의 장구한 옥공예 역사에다 1억 명이 옥공예에 종사하고 있는 상황에서. 스승도 교과서도 없이 제제 능력을 발휘하고 명성도 쌓으면서, 더불어 한국적인 자존심을 세울 수 있게 된 것이지요. 여기에 민족적 차원에서, 국가적 차원에서 도움을 주고 지원을 해준다면 더 나은 성과를 거둘 수 있을 거라고 봅니다. 지금까지는 저 혼자 내공을 쌓아왔지만, 앞으로는 정부에서 지원을 하고 국민적 관심이 모아진다면 중국 옥공예를 많이 따라잡을 것입니다.

Q. 한국을 대표하는 옥 장인으로서, 중국을 뛰어넘는 작품으로 세계를 놀라게 해야겠다는 생각도 하시나요?

제가 약 3톤짜리 작품을 제작하고 있습니다. 가제는 '코리아 판타지'이고요. 약 23년째 제작하고 있습니다. 그런데 이 작품이 중국 작품들과 어떻게 비교가 될지는 잘 모르겠습니다. 그 부분은 후세 사람들이 평가해줄 부분인 것 같습니다. 저는 '세계적으로 훌륭한 작품이다'라는 평가를 받기에 앞서 '한국의 자존심'을 세우고 싶습니다.

나에게 이 길은 …

사기장 김정옥
" 늘 흙에 대한 애착감,
흙과 불로 빚어낸 도자기는
거짓이 없습니다"

세상에 그저 주어지는 것은 없습니다. 이 도자기도 마찬가지. 수십, 수
백 번 만지고 두드려야 제대로의 작품이 나옵니다. 이제, 기다림의 시간.
수십 일 잘 말려야 흙 본연의 색을 담아내게 됩니다. 좋은 흙은 좋은 작
품이 나오고 좋지 못한 흙은 좋은 작품이 안 될 수 있습니다. 늘 흙에 대
한 애착감, 이것은 떼려야 뗄 수 없는 나의 인생살이의 한 부분이 되었
습니다. 쉽게 만들어지는 것은 없습니다. 얼마만큼 정성을 기울이느냐에
따라 작품은 달라집니다. 흙과 불로 빚어낸 도자기는 거짓이 없습니다.

백(白)의 미

천년의 빛,
사기(沙器)장 김정옥

＊ 프롤로그

세계 문화 예술의 중심지, 파리. 센느 강을 따라 늘어선 유서 깊은 건축물
들과 예술의 흔적들. 그리고 세계 최대의 도자기박물관이 이곳에 있다.

중세 이래, 세계 문명의 중심지로 이름을 떨쳤던 예술의 도시. 그 명성에
걸맞게 세브르 국립 도자기박물관엔 세계 도자사에 한 획을 그은 각국의
도자기들이 한자리에 전시되어 있다. 박물관의 화려한 세계 도자들 사이
에서 조용히 눈길을 끄는 이 작품. 한국 중요무형문화재 김정옥 선생의
작품이다.

전통과 현대… 그 경계를 넘나들며 우리 도자 예술의 외연을 넓혀온 사
기장, 백산 김정옥.

흙과 불… 250년 가문에 흐르는 도공의 사명으로 평생, 전통 도자 예술
의 길을 걷고 있는 한국 중요무형문화재, 김정옥 사기장.

* 전통을 빚다

오랜 세월, 인류와 함께해온 도자기. 과거부터 현대까지 도자기는 생활 용구에서 예술 작품까지 다양하게 변화되어왔다. 한국의 아름다움을 가장 잘 드러내는 예술품. 우리의 도자는 우수한 기능을 바탕으로 실생활을 위한 생활예술로 가치를 지녀왔다.

그리고 그런 한국 도자의 우수성은 세계적으로 널리 인정받고 있다. 그 중에서도 일본은 일찍부터 우리 도자에 주목해온 나라다. 한 · 중 · 일 동아시아 3국의 명품 도자기만 소장하고 있는 오사카 동양도자미술관. 한국 도자 문화의 정수가 녹아 있는 작품들이 눈길을 사로잡고 있다. 소박하면서도, 정교한, 그 옛날 조선 도공들의 작품들. 빼어난 자태는 없지만 고고하고 정갈한 담담하기 이를 데 없는 우리 도자다.

"일본에는 갈색의 도자기가 자주 보이지만 한국의 도자기는 흰색이 많은 편입니다. 각 문화에 의한 미의 차이를 느낄 수 있죠. 눈부신 한국의 도자기입니다."(요시코 / 오사카 동양도자미술관 관람객)

프랑스 루브르 박물관의 동양 전문 미술관인 기메 박물관에는 약 1,000여 점의 한국 미술품이 소장되어 있다. 단아하면서도 유려한 곡선의 작품들. 비록, 유출된 우리 문화재지만 유럽에서도 그 아름다움을 인정받고 있는 우리 전통 도자들이다.

"한국의 도자기는 매우 독특합니다. 사람들은 한국의 도자기를 중국과 큰 차이가 없는 아류쯤으로 생각하겠지만 특히 고려의 도자기는 대단합니다.

고려청자의 색은 매우 특별하며 그 형태는 장엄하고 고요해 엄숙함을 느끼게 합니다." (피에르 캉봉 / 기메 박물관 수석학예관)

한국 도자기의 우수성은 이미 인정받고 있다. 그리고 그 속에 도예에 한 평생을 바쳐온 이가 있다. 평생을 그랬듯 그는 오늘도 물레를 돌리며 전통을 빚고 있다. 전통 도예의 맥을 이어가는 명인 김정옥 사기장.

"그는 전통을 잘 압니다. 그의 피에는 전통이 흐르고 있어요. 그렇다고 과거에만 집착하는 작가가 아닌 현대에 맞게 끊임없이 변신해가는 작가입니다. 세계 도처를 방문하면서 느낀 예술적 영감들을 그의 작업실로 가져와 전통이 더욱 심화될 수 있게 하는 작가입니다."(톰 데커 / 미 버클리대 도예과 교수)

"도자기를 만듦에 있어 전통적인 발 물레를 누가 얼마만큼 잘 사용할 수 있느냐, 그리고 전통적인 재료를 아직까지도 끊임없는 노력을 가지고 찾아서 쓰고 있느냐, 아직도 장작 가마의 그 어려운 작업을 해내고 있느냐. 그런 측면에서 볼 때 김정옥 선생은 아직까지 대한민국에서 그런 전통적인 방법과 의식을 가지고 작품을 만들어내는 유일무이한 작가입니다."(방병선 교수 / 고려대학교 고고미술사학과)

＊인생살이의 한 부분

숨소리가 거칠다. 도자기를 만드는 과정은 어느 것 하나 만만치가 않다. 도자기의 생명인 흙. 공기를 완전히 빼고 흙의 습도와 농도를 조절하는 것은 도자기를 만들기 위해 거쳐야 할 과정 중 하나. 보통 사람 같으면

손아귀에 힘이 빠져 반죽을 못 칠 나이. 평생을 흙을 만져온 그에게도 쉽지 않은 일이다.

도자를 빚는 일이 예술로 인정받지 못하던 시절. 그의 집안은 어렵고 가난했다. 그의 조부도, 그의 아버지도 일본에서 도공들이 찾아와 도예 기술을 배워갈 만큼 뛰어난 도공이었지만 장인들은 결코, 가난에서 벗어날 수 없었다.

"(겨울에 힘든 일을 하셨던) 우리 할머니는 복막염으로 돌아가셨어요."

먹고살기 위해 학업을 중도 포기하고 흙과 땔감을 나르며 물레에 앉은

후에도 가난은, 가업처럼 대물림되었다. 지치지 않은 이 힘은 어디에서 비롯되는 걸까. 선조들에게는 미치지 못한다고 말하지만 지금도 하루 5, 600개. 한 치의 오차도 없이 다완을 만드는 그의 솜씨는 그저 신기라고 밖에 표현할 수가 없다.

손쉬운 전기 물레를 거부하고 일흔이 넘은 나이에도 발 물레를 고수하는 김정옥 사기장. 옛 방식 그대로 때 묻지 않은 장인정신에서 빚어낸 도자기는 그래서 아름답다.

생계를 꾸리기 위해 시작했던 일. 욕심을 버리고 혼신의 힘을 쏟아부은 결과 쉰이 훌쩍 넘은 나이. 그에게도 장인이라는 수식어가 부끄럽지 않게 되었다.

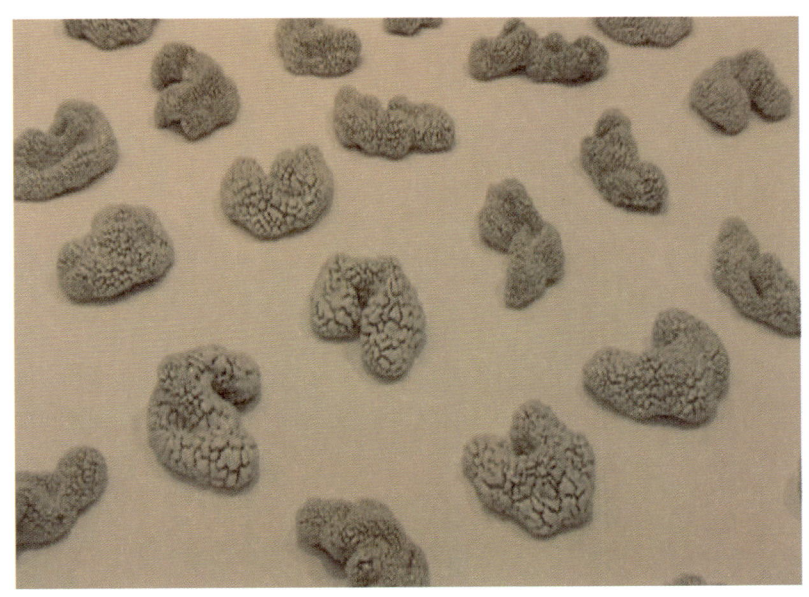

"집안이 어려울 때, 제가 일을 해서 집안에 도움이 많이 되었어요. 그래도 때로는 아버지가 원망을 하시더라고요. 나쁜 것 해서(도공의 길) 대대로 자식들한테 물려주고 원망을 많이 했다고. 사실 아버지가 원망 들을 일은 아닌데… 제가 많이 울었어요."

* 천혜의 땅, 문경

꾸밈없고, 소박한 멋을 지니고 있는 우리의 전통 도자. 이런 한국 도자의 아름다움을 이어가고 있는 곳. 수많은 도공의 혼과 땀이 서린 도자기의 본고장, 경상북도 문경이다.

옛 방식 그대로 도자를 빚어내는 장인들이 그 전통을 이어가고 있는 고장이다. 질 좋은 흙과 풍부한 땔감, 도자 제작에 적합한 환경을 갖추고 있는 문경은 천혜의 땅이다.

그리고 이곳에 고집스럽게 전통의 맥을 이어가고 있는 사기장이 있다. 우리나라에서 유일하게 도자기 분야 중요무형문화재로 지정된 사기장 김정옥. 그가 흙을 만진 지 벌써 50년이 넘었다.

"저의 '호'이자 작업실 이름인 백산(白山)은, 흰 백(白)자는 우리 백의민족 깨끗한 민족, 여기서 백자를 땄다고 하고, 사기도 백사기잖아요. 산은 정직하고, 산은 움직이질 않아요. 산 끝이 굳게 하라고. 그래서 백산이라고 했다고 합니다."

아버지와 아들. 그리고 그 아들의 아들. 삼대가 한자리에 섰다. 드러내 놓고 표현하진 않아도 아들과 손자가 고마운 그다. 선대의 유업을 이어

250여 년간 대를 이어온 도공 가문.

뼛속까지 도공의 피가 흐르는 이 집안에서 그는 흙과 땔감을 나르며 18살에 아버지로부터 도예를 전수받고 운명처럼 이 길을 걸어왔다.

화려한 기교도 빼어난 자태도 없이 평범한 듯, 소박하고 예스러운 기품을 지닌 찻사발. 푸른빛이 도는 백자 위에 간단한 문양을 그려 넣은 청화백자. 일절 수식 없이 넉넉하고 간결한 자태. 그의 도자기는 가마에서 나오는 순간 수백 년의 나이를 먹었다는 평가를 받으며 세간의 주목을 받기 시작했다.

아버지 김 교수의 엄격한 가르침을 받들며 가난과 고통 속에서 흙을 버리지 않은, 집념의 결과인 것이다

"지게질이 가장 힘들었어요. 42살까지 지게질을 했습니다. 산에 올라가 나무 한 짐 지고 오는 게 얼마나 힘들었겠습니까. 그 과정에서 아버지는 집념을 가르치신 것 같습니다."

* 삼대(三代)가 한길로

세상에 그저 주어지는 것은 없다. 이 도자기도 마찬가지. 수십, 수백 번. 만지고 두드려야 제대로의 작품이 나온다. 이제, 기다림의 시간. 수십 일 잘 말려야 흙 본연의 색을 담아내게 된다. 그래서 전통 공예 중에서도 도자기는 어렵고 힘든 작업이 가장 많은 종합 예술로 꼽힌다.

요즘, 삼대가 함께 작업하는 시간이 많아졌다. 아들이, 그리고 이어서 손자가 그의 길을 따르겠다고 했을 때 반가움보단 걱정이 앞선 게 사실이다.

"할아버지는 전기 물레보단 발 물레를 더 좋아하시고 잘 차시잖아요. 그래서 저도 전기 물레보단 전통으로 내려오는 발 물레를 좀 더 이어받고 싶어요. 할아버지처럼."(김정옥 선생의 손자 김지훈씨)

가문의 피는 속이지 못하는 것이리라. 손자는 할아버지의 뒤를 이어 도예가의 길을 걷고 있다. 가업을 잇겠다는 손자가 그저 대견하다. 한국 전통 도자 예술을 계승, 발전시킬 미래의 도예인. 김정옥은 손자 김지훈을 비롯한 후학들을 보며 대한민국 도예의 희망을 본다. 그리고 그는 이들이 장인의 자부심으로 잘해주길 바란다.

이른 새벽 장인은 홀로 가마 앞에 앉았다. 가마에 처음 지피는 피움불을 위해서다. 한평생, 동고동락해온 전통 가마. 가마에 불을 지피는 땔감은 옛 방식 그대로 소나무를 사용하는데 소나무만 고집하는 것은 송진이 있어 불 온도가 빠르게 오를 뿐 아니라 나무의 성질이 연해 가마 안의 온도가 고르고 도자의 때깔이 고르기 때문이다.

장작 가마는 가마 속의 색을 보고 온도를 판단한다. 숙련된 사기장만이 알 수 있는 일. 장작을 던지고 삭이고, 또 던지고 삭이기를 여러 번. 그릇에 생명을 넣는 불을 조절하는 것은 오로지 장인의 경험에서 나오는 것이다. 그리고 이제 기다리는 일만이 남았다.

한평생 해온 일이지만 불을 아는 일은 결코 쉽지 않다. 그것만은 아무도

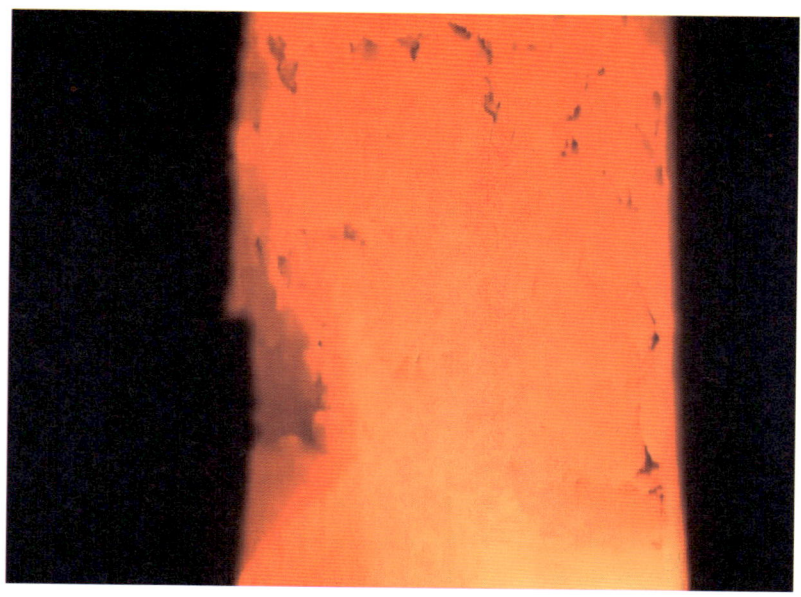

가르쳐줄 수 없는 스스로 터득해야만 하는 경지. 지난한 시간과의 싸움. 이 가마 안에서 장인의 눈에 드는 완성품이 나올 확률은 얼마 되지 않는다. 장인은 밤새 가마를 떠나지 못한다.

가마 속의 불은 점점 온도가 올라, 붉고, 푸르고 마지막에는 투명하게 맑은 불이 된다. 가마 연기는 다음 날 새벽까지 지펴 올랐다. 김정옥 사기장의 영남요에 불이 지펴지는 것은 두 달에 한 번꼴. 도자기는 기다림이다. 자연의 순리를 따르는 것이 곧 도자기를 만드는 일인 것이다.

이른 아침 부자는 몸과 마음을 정갈히 하고 가마 옆에서 정성껏 고사를 지낸다. 도자기는 인간이 만드는 것이 아니라 믿는 그다.

"불의 조화는 무궁무진합니다. 인간의 힘으로는 다 알 수 없는 조화가 있기

때문에 가마 성주님한테 잔을 올리고 작품 잘되게 해달라고 하는 가문의 풍습이 있습니다."

가마 안, 작품들이 잘 익었을까. 벌겋게 달궈졌던 조각을 꺼내 불보기를 한다. 고유의 색이 드러나면 유약이 잘 녹았다는 증거다.

"처음에 나무를 때면 연기가 많이 납니다. 시간이 지나면 말간 불이 되죠. 가마 안에 말간 불을 계속 연소시키는 거죠."(김정옥 선생의 아들 김정식 씨 / 8대 사기장 전수자)

＊흙과 불로 빚어낸 예술

도자를 만드는 그의 작업은 모두 전통 방식으로 이루어진다. 먼저, 재료가 되는 것은 문경 땅에 지천으로 널려 있는 흙. 1,300도가 넘는 온도에서 견뎌야만 도자기의 재료가 될 수 있는데 다행히 문경의 흙은 부드러우면서도 단단한 성질을 지니고 있다.

다음은 채취한 흙을 걸러내는 작업. 도자에 사용되는 흙은 불순물을 제거하고 난 고운 입자만 사용해야 하는데 물을 붓고 저어 거품을 뺀 다음 윗물만 받아 따로 침전시킨다. 이를 수비 과정이라 한다. 이렇게 침전시킨 흙은 바람과 햇볕에 적당히 건조시키는데 그러면 곱고 단단한 성질의 도자흙이 준비된다.

김정옥 사기장은 도자를 만드는 데 있어 가장 중요한 것은 첫째도, 둘째도, 흙이라고 단호하게 말한다. 흙은 도자의 근본인 셈이다.

"좋은 흙은 좋은 작품이 나오고 좋지 못한 흙은 좋은 작품이 안 될 수 있고 이렇습니다. 늘 흙에 대한 애착감, 이거는 떼려야 뗄 수 없는 나의 인생살이 의 한 부분이 되겠습니다."

그는 그렇게 평생, 흙을 만져왔다. 쉽게 만들어지는 것은 없었다. 얼마만 큼 정성을 기울이느냐에 따라 작품은 달라진다. 흙과 불로 빚어낸 도자 는, 거짓이 없다. 건강한 아이를 기다리는 어머니의 마음으로 김정옥 사 기장이 조심스럽게 가마를 연다.

도자는 흙과 물, 불과 바람이 만나 생명을 잉태하는 것. 이 가마 안에서 초벌을 끝낸 도자가 어떤 모습으로 태어날지 그것은 도자를 빚어낸 장인 도 알 수가 없다. 가마 앞에 앉은 그의 손에서 도자에 생명이 입혀진다.

그의 그림은 붓끝이 살아 있어 힘이 넘치던 그의 부친처럼 누구도 흉내 낼 수 없는 무엇이 있다. 그가 즐기는 문양은 포도와 물고기 외에도 우직한 듯, 소탈한 바보 호랑이가 있다. 평생을 거짓 없이 살아온 그와 닮은 듯도 하다.

발 물레와 전통 가마에서부터 유약을 입히는 일까지 그의 도자는 모두 전통 방식을 따른다. 그리고 다시 가마 안으로 들어갈 차례다.

욕심 없이, 집착 없이, 그저 다시 기다리는 일만이 남았다. 초벌을 견디고 다시 저 뜨거운 가마 안에서 재벌을 견디고 나와야 비로소 도자는 생명을 얻게 될 것이다.

지난한 시간을 견뎌낸 가마가 드디어 작품을 낳기 직전. 이제 그의 도자들은 불과 마지막 사투를 벌여야 한다. 불편한 전통 방식의 장작 가마를

지키며 선조들의 도예 기법 그대로 고집스럽게 전통의 맥을 잇고 있는 도예가. 드디어, 산고 끝에 탄생한 도자기들이 그 모습을 드러냈다.

하지만 생의 기쁨을 만끽하기도 전에 가치가 없는 도자는 다시 한 줌 흙으로 돌아간다. 불과 사투를 벌이고 탄생한 몇 점의 작품들. 소박하면서도 정갈한 장인의 예술혼이 담긴 작품이다.

* 세계의 시선, 한곳에

전통 도예의 본고장 문경. 지난 2010년 문경 찻사발축제의 일환으로 〈전국 도예명장 특별전〉이 열렸다. 전통 도자기 분야의 유일한 중요무형문화재 김정옥 사기장의 대표적인 작품 세 점도 공개됐다. 올곧고 소박한 심성이 담긴 정갈한 작품들이다.

우리 도자의 우수성을 알리기 위한 행사. 특히 24개 국가에서 참가한 국제교류전은 우리 도자에 대한 높은 관심을 확인할 수 있는 자리였다. 도자기를 보면, 문명이 보인다고 했던가. 시대와 국가에 따라 다른 형태로 나타나는 도자기들이 눈길을 사로잡는다.

영남요에 귀한 손님들이 찾아왔다. 우리 전통 도자를 만드는 전 과정을 공개하는 자리. 국제교류전에 참여한 내로라하는 작가들, 멀리서 온 귀한 손님들을 위해 김정옥 사기장의 시연이 시작됐다. 좀처럼 보기 드문 광경이다. 모두의 시선이 집중되는데 그는 전통이라 해서 감춰두지 않는다.

"바쁜데도 불구하고 그는 작업 공정을 친절하게 잘 설명해줍니다. 다완에 대한 설명만이 아니라 불 때기, 흙 걸러내기, 수 세기에 걸친 소장품에 대한 설명도 아끼지 않습니다. 그는 제작의 전 과정을 확실히 파악하고 있습니다. 그는 전통이 멈추지 않고 앞으로 계속 나아가기를 바라면서 스스로의 변화도 늘 추구하고 있습니다." (톰 데커 / 미 버클리대 도예과 교수)

문경에서 작품 활동에 전념하던 그가 모처럼 특별한 전시회를 가졌다. 김정옥 사기장, 그가 도자기를 만든 지난날을 회고하는 자리다.

문경에서 공수해온 작품들. 얼마 전, 가마에서 꺼낸 신작부터 그간 소중하게 간직해온 대표작까지. 생을 다할 때까지 함께할 도공의 예술혼이 담긴 작품들. 소박한 우리 전통의 미를 보기 위해 많은 이들이 자리했다. 평생을 바쳐 일궈낸 김정옥 사기장의 작품들. 소박하고 담담하지만 거기엔 혼신을 바쳐온 장인의 삶이 투영돼 있다.

"잘 아시겠습니다만, 거의 7대째 250여 년간 가업을 이어왔다고 합니다. 거기에 관련된 여러 문헌 사료나 행적을 찾기 위해서 저도 관심을 가져왔습니다. 그래서 2년 전에 이분의 할아버지뻘, 증조할아버지뻘 되는 분들이 실제 경기도 광주 분원에서 도자기를 제작하였고, 당대 최고의 이름을 날렸던 것을 문헌을 통해서도 찾을 수 있었습니다. 앞으로 이러한 것이 좀더 발굴이 된다면 한 가문뿐 아니라 우리나라 도자사에 있어 조선 시대 장인들이 어떤 삶을 살아왔고 그리고 가난 속에서도 자신들의 업을, 긍지를 가지고 지켜왔는지를 좀 더 구체적으로 밝힐 수 있다고 생각합니다." (방병선 교수 / 고려대학교 고고미술사학과)

늘 그래왔듯 이날 김정옥 사기장의 전시에는 온 가족이 모두 나섰다. 명

장의 가족으로 산다는 건 생각만큼 쉽지 않은 일. 평범한 아버지와 남편의 자리보다 전통을 이어가는 한 시대의 장인으로 살아갈 수 있도록 가족들에게도 짊어져야 할 무게가 가볍진 않았다. 그랬기에, 오늘의 김정옥이란 장인이 자리할 수 있었던 건 아닐지. 이런 가족이 있기에 김정옥 사기장은 어제보다 오늘, 오늘보다 내일 더 좋은 작품을 만들기 위해 노력하고 있다.

* 도공의 길
힘들었던 시절이 생각날 땐 조상들의 터를 찾는다. 집안 대대로 내려오는 망댕이 가마. 흙을 뭉쳐 만든 흙덩어리 망댕이를 쌓아 만든 망댕이 가마는 우리 고유의 전통 가마다.

"여기서 아버님이 하셨거든. 아버님은 그래도 저를 신임을 많이 했어요. 저를 데리고 좋은 얘기도 많이 해주셨죠. 가장 남는 얘기는 '성실하게 열심히 살아라'는 말씀입니다."

집안 대대로 도자기를 굽던 삶의 터전. 이곳에 오면 힘들었던 그 시절이 떠오르지만 그에겐 주어진 숙명이 있음을 잊지 않게 된다.
전통을 계승하고 발전시켜야 하는 일. 대한민국에서 가장 오래된 사기장 집안의 자손으로 그는 그렇게 도자를 빚으며 외길을 걸어왔다.
가난을 벗 삼아야 했던 도자기 인생. 평생을 빠짐없이 태토를 고르고 물레질을 연습했고 큰 산 두 개를 넘나들며 나무를 해서 가마에 불을 지폈던 사기장 김정옥. 고달팠던 장인의 삶은 이제 아름다운 예술의 자취로 남게 됐다. 세인들은 성공했다고 말하지만 그에겐 갚아야 할 빚이 많이 남아 있다.

"앞으로의 여생은 최선을 다해서 공부하고 노력할 것입니다. 그러나 우리 할아버지, 아버지처럼 할 수 있을지는 의문입니다. 최선을 다해야겠지요."

도자기를 가업으로 하는 집안에서 태어나 도공의 길을 천직으로 알아온 지난 세월. 흙을 만지는 것에서부터, 발로 물레를 차고, 도자를 빚고, 전통 가마를 지키는 일까지. 김정옥 사기장 그에겐 고집스럽게 전통을 지키고 이어나가야 할 운명이 주어져 있다.

"제가 도예 인생 53년을 살아오면서 국가문화재도 됐고, 도예명장도 됐습니다. 이제는 우리 한국 전통 도자기를 온 세계에 널리 알리는 것이 저의 목표가 되겠습니다. 그리고 후진을 훌륭히 양성해서 제가 세상을 떠난 뒤에도 전통 도예가 제가 살았을 때보다 더 찬란하게 발전할 수 있었으면 하는 그런 생각입니다."

일체의 욕심도, 잡념도 없이 평생, 한길을 걸어온 김정옥 사기장. 그는 오늘도 변함없이 순수한 마음으로 도공의 삶을 살아간다.
흙에 영혼을 불어넣는 장인의 외길. 칠순을 넘긴 오늘날까지 고집스럽게 걸어온 이 예술의 길이 바로 자신의 길임을 그는 믿고 있기 때문이다.

1문 1답

Q. 좋은 작품을 빚기 위한 조건이 있다면, 무엇일까요?

자만하지 말고, 돈과 기교에 대한 욕심을 버려야 합니다. 작품에 대한 애정과 정성을 쏟아낼 때 진정성이 담긴 작품을 빚을 수 있습니다. 도자기에 대한 사랑과 끊임없는 노력, 집념, 고집이 중요합니다.

Q. 전통적인 방법을 고집하시는 이유가 있으신가요?

백자는 감촉이 부드러우며 적당한 빙렬이 있어야 합니다. 분청은 자연스러운 맛이 나야 하는데 전기 물레와 전기 가마로는 쉽게 작품을 만들 수가 있지만 만든 이의 정성과 혼을 담을 수는 없습니다. 때문에 전통적인 방법을 고집할 수밖에 없어요. 가장 한국적인 그릇을 만들기 위해서는 방법부터 한국적인 것을 고집하는 건 당연한 것입니다. 우리가 계승하고자 하는 것은 바로 '전통'이니까요.

Q. 좋은 그릇을 나누는 기준은 어떻게 되나요?

흙 맛을 제대로 살려낸 것이 좋은 그릇입니다. 우리 선조들이 만든 그릇

이 보면 볼수록 싫증이 안 나는 이유도 바로 흙 맛에 있습니다. 흙이 가진 고유의 성질을, 그 맛을 훼손시키지 않는 게 중요합니다. 이것이 바로 흙의 미학인 것이지요.

Q. 1996년 무형문화재로 인정을 받으셨습니다. 당시의 소감은 어떠셨는지요?

어려운 도공 시절을 이겨내고 인정을 받은 거라 숙원이 풀어진 것 같았습니다. 18세에 가업으로 이어받아 당시 저까지 7대째 가업으로 사기장이 이어지고 있었거든요. 드디어 선조들의 기법이 인정을 받는 것 같아 기뻤습니다. 때문에 앞으로는 시대를 이은 선조의 기법을 후대를 거쳐 이어갈 수 있도록 해야 할 것입니다.

별신굿 김영희, 김용택
"자신의 고통을 묻은 채 신명을 다해 사람들을 위로해온 삶이 바로 굿판입니다"

풍요롭지만 바다에서 목숨을 내놓고 사는 사람들은 굿을 합니다. 그리고 그 굿을 베푸는 세습무들은 그 삶의 동반자이며 사제입니다. 가장 낮은 곳에서 자신의 고통을 묻은 채 신명을 다해 사람들을 위로해온 이들. 굿 판이라 불리는 그 굿판에 풍어 만선의 뱃줄을 당기는 한바탕의 신명. 그 것이 동해안 별신굿이며, 그것은 또 다른 모습의 삶, 그 축제입니다.

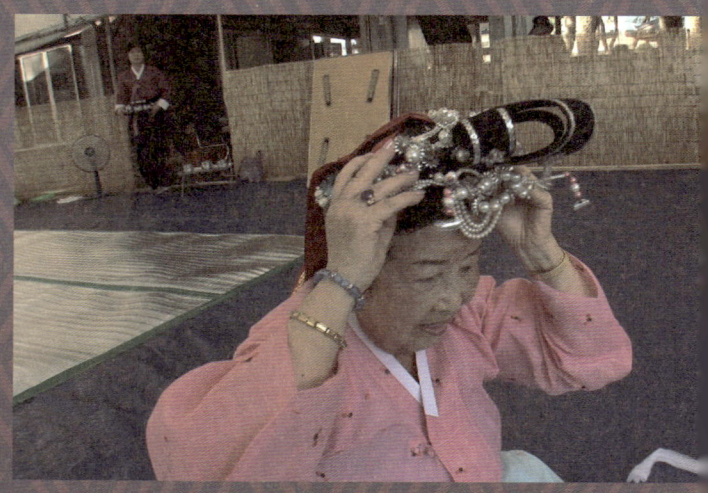

신명

삶의 축제, 동해안 별신굿
김영희–김용택

* 프롤로그

바다는 사람들의 삶을 받아들이면서부터, 단순한 바다가 아니라 생활의
터전이 되었다. 그 바다에 기대 사는 사람들에게, 바다는 세상살이의 터
전인 동시에 공포의 대상이기 마련이다. 삶과 죽음을 오가는 얇은 갑판
위에서 진하마을 사람들은 멸치 그물을 드리우며 살아간다.

만선의 풍어와 죽음의 공포를 쥐고 있는 바다. 그 바다를 어르고 달래기
위한 간절한 기원. 그 마음을 담아, 진하마을 사람들은 3년 만에 풍어제
를 준비하고 있다. 마을 사람 모두가 참여하는 대동제의. 동해안 별신굿
은 그 풍어제를 달리 부르는 말이다.

* 세습무의 맥을 이어오다

현재의 동해안 세습무 집단은 김용택과 김영희의 증조부인 김천득으로

부터 무업을 하기 시작하여, 그다음 대인 김범수, 김성수, 김영수 삼 형제가 모두 무업에 종사했다. 김천득의 차남 김성수와 이선옥 사이에서 김호출, 김석출, 김재출 삼 형제가 태어났다. 이들은 모두 동해안 지역에서 이름을 떨친 화랭이었다.

문화재로 지정될 당시의 기능보유자는 악사에 김석출이었고, 무녀에 그의 아내 김유선이었다. 그러나 김석출은 2005년에 사망했고, 그의 아내인 김유선 역시 고령으로 굿판에 거의 나설 수 없는 상황으로 인해 현재 악사 부문은 김석출의 조카인 김용택, 무녀 부문은 김석출의 딸인 김영희가 각각 기능보유자로 지정됐다. 굿판에서 연주를 담당하는 양중이 김용택 씨. 그는 김영희 무녀의 사촌 동생이다.

배우는 과정부터 쉽지 않았다. 구술로 전해오기만 할 뿐, 손에 쥐고 볼 책 한 권이 없던 별신굿이다. 김용택 씨는 10살부터 어깨너머로 듣고 외워온 세월이 10년이 지나자 입에서 2시간짜리 짧은 굿 하나를 완성할 수 있었다. 요즘에야 녹음기로 소리를 녹음해 독학이라도 할 수 있지만 스승의 손짓 하나 발짓 하나를 똑같이 익혀야 하기 때문에 수년 동안 굿판에 따라다니며 배우는 것이 유일한 방법이다.

어려움은 이뿐만이 아니다. 굿을 한다는 이유만으로 세간의 모진 소리를 얼마나 견뎌왔던가. '무당새끼들'이라며 손가락질 받고, 천대받는 모습을 자식에게 보여야 했던 부모. 김용택 씨 부부는 차마 내 자식들에게 같은 설움을 주고 싶지 않았다.

무녀 김영희는 어릴 적 어른들의 굿판을 따라다녔다. 그렇게 큰 딸과 손주들이 어머니와 할머니의 굿판을 찾아왔다.

무당 딸. 그것이 부끄러운 적은 없었지만 자랑스러울 수도 없었던 시절은 있었다. 하지만 굿거리장단과 춤사위로 하루가 가던, 그는 무당집 아이였다. 보고 듣고 익힐 모두가 무당 일이었다. 세습무. 그의 몸에 흐르는 그 피는 부정되지 않았다.

큰무당 되겠다던 할머니들의 말은 헛말이 아니었다. 김영희는 할머니들의 말대로 큰무당이 되었다. 그리고 딸들을 낳았고 딸들은 무당 딸이 되었다. 세상은 변해도 변하지 않는 말. 그것이 무당 딸이었다.

귀한 딸. 아버지 김석출에게 그는 귀한 딸이었다. 동해안 별신굿의 빼어난 양중이였던 아버지 김석출. 아버지는 증조부 대부터 3대를 이은 양중

이였고, 누구도 흉내 내지 못하는 호적의 명인이었다. 그런 아버지의 연주에 버선코를 세우던 어머니 김유선을 두고 아버지는 말씀했다. 너희 셋으로도 엄마 한 명을 이기지 못할 솜씨라고.

세 자매는 그런 부모가 남긴 굿판을 물려받았다. 누대를 이은 무당. 대를 이어 세습되어 세습무라 이르는 그 일을 세 자매는 이제 4대째 잇고 있다.

떠나보낸 부모님. 무당이라는 그것. 어머니는 어렸을 때, 동네 아이들에게 무당집 애라고 사정없이 맞고 다녔다. 그것이 무당 팔자라고. 그 어머니께 보여주고 싶다. 그 팔자, 달라진 무당 팔자를.

그렇다면 끈끈한 혈연으로 이어져온 세습무 별신굿의 미래는 어떻게 되는 것인가. 김용택 씨는 세월이 변한 만큼 '세습'에 대한 개념 자체를 바꿔야 한다고 털어놓았다. '혈연'이 아닌 '열정'이 그 해답이다.

★ 바다에 바치는 간절한 염원

무사고와 풍어를 기원하는 굿. 별신굿 전수회관에서는 진하마을 동해안 별신굿 준비가 한창이다. 색물 들인 종이들이 피워내는 샛별국화, 이름이 없어 막꽃으로 부르는 허드레꽃, 그리고 푸른 연꽃과 한 무더기 목단 꽃들이 잠시 사이 꽃밭을 이룬다.

미리 풀 먹임을 고정시켜 모양을 잡아야 하는 지화는 가장 먼저 준비해야 하는 무구면서 굿상을 꾸미는 중요한 장식물이다. 굿상의 화려함을 결정짓는 지화는 그만큼 수고스러운 정성이 요구된다. 김영희는 오늘도 정성으로 꽃을 만든다.

"꽃을 만들어서 틀이 잡히게 잠을 재워야 합니다. 꽃은 금세 해서 장식하면 꽃이 흐드러지고 날씨가 좋지 않고 바람이 불면 녹아버리거든요. 때문에 미리 만들어놓고 저장을 해놔야 합니다. 하지만 손이 말도 못하게 가요. 꽃을 제당(祭堂)에 가서 올릴 때 사람들은 꽃이 '예쁘다' 하지만, 이거 하나하나 만들고 끼우고 하려면 정성을 들여야 해요."

정성 바쳐 한 잎씩 피워내야 하는 것이 지화다. 따라서 숙련된 손기술이 필요하기 마련. 이들에게 그 기술을 전수한 스승은 생활이었고, 놀이였다. 김영희에겐 보고 듣는 것이 굿이었으므로 일상 자체가 굿판이었다. 그래서 손에 붙고 몸에 익은 모두가 굿일 수밖에 없었다. 그렇게 솜씨 붙은 손놀림이 초롱등과 용선 제작에 속도를 낸다.

남자들은 주로 넓은 공간을 장식하는 데 필요한, 등이나 배를 만든다. 준비를 마친 짐들이 진하마을 풍어제를 기다리는 하루 전날, 옮겨 싣는 짐들의 양이 만만치 않다.

굿판으로 나서는 날. 그날은 늘 이사 날이다. 짐을 싼다는 것. 그것은 그 짐을 풀기 위함이다. 굿판을 쫓아 그 굿판 위에 짐을 풀며 살았던 세월. 김영희의 세 자매는 그 평생을 굿판에서 함께 살았다. 무당 딸로 태어나 무녀가 되고, 자식들과 굿판에 서는, 지금껏 그들은 함께였다.

★굿 한 판

굿당 마당 남자들은 짐을 내리며 마음이 급하다. 작은 크기의 지화와 달리, 차에 실을 수 없는 덩치 큰 무구들은 굿 전날, 현장에서 서둘러 제작

을 마무리해야 하기 때문이다. 갖은 모양으로 색지를 오려 장식하는 흑연등 제작이나 저승길 불 밝히는 초롱등 모두는 고유한 공예다.

특히, 굿당 마당 중천에 걸려 신과 사람들에게 굿판의 위치를 알리는 흑연등은 그 규모와 화려함이 극치를 이룬다.

"꽃을 다 만들기 전에는 굿을 할 수가 없어요. 제일 중요한 게 지화, 흑연등(조상의 넋을 부르기 위한 등)이 지화 중에는 제일 왕입니다."

꽃이 없는 굿은 굿이 아니다. 굿판을 열기 위한 손길이 깊은 어둠 속을 짚어간다. 그리고 그 수고스러움이 굿당 마당에서 아침을 맞는다.

화주는 마을 수호신 제사의 제주를 이르는데 대개는 마을 이장이기 쉽
다. 굿은 그 화주집 조상신을 모시면서 시작된다. 3년 만에 여는 큰 행
사. 그 책임을 맡은 이장님은 걱정이 한 짐이다. 그 짐 내려놓으라고 신
명을 돋우는 양중이 김용택의 궁글채가 장고를 패들어 간다. 그 장단 합
죽선에 편 채, 김영희는 사설 받쳐 화주집 신을 청한다.

동네 사고 없고, 전복에 해삼에 멍게에 아나고에 온갖 고기들 뱃고물 무
겁게 만선되라고 덕담 사설 이어지는 화주집 굿청마루. 갖은 덕담과 정
성으로 조상신을 청하는 풍물 소리, 춤사위가 자근자근 장단을 밟는다.

신대에 화주집 조상신을 모신 행렬이 마을길을 이어 향하는 곳. 그곳은
마을의 수호신을 모신 당이다. 당맞이굿은 골매기신으로도 불리는 마을
의 수호신을 모시는 과정이다. 마을의 수호신을 모시는 당맞이굿은 뭍의

동제에 다름 아니다. 다만 바닷가 마을은, 주민들 주도로 제를 치르는 대신, 무녀에게 그 역할을 맡기는 것이 차이점이다. 당맞이굿은 무녀의 축원과 덕담, 그리고 무가 가창과 그것을 반주하는 양중이들의 연주로 구성된다.

두둥 베개를 장고 삼아 놀던 손에 궁채와 열채를 쥐고 양중이 김용택은 굿판에 한 생을 바쳤다. 그렇게 무녀 김영희 또한 나 아닌 누구를 위해 축원을 하고 길흉을 가르는 소지 올려 살았다.

*동해안 별신굿이 시작되다

당맞이굿이 끝나면 수호신이 깃든 신대를 모시고 굿청으로 간다. 그러면 비로소 굿이 시작된다.

풍어를 위한 굿. 바다에 기대 사는 사람들 모두에게 그것은 자신의 일에

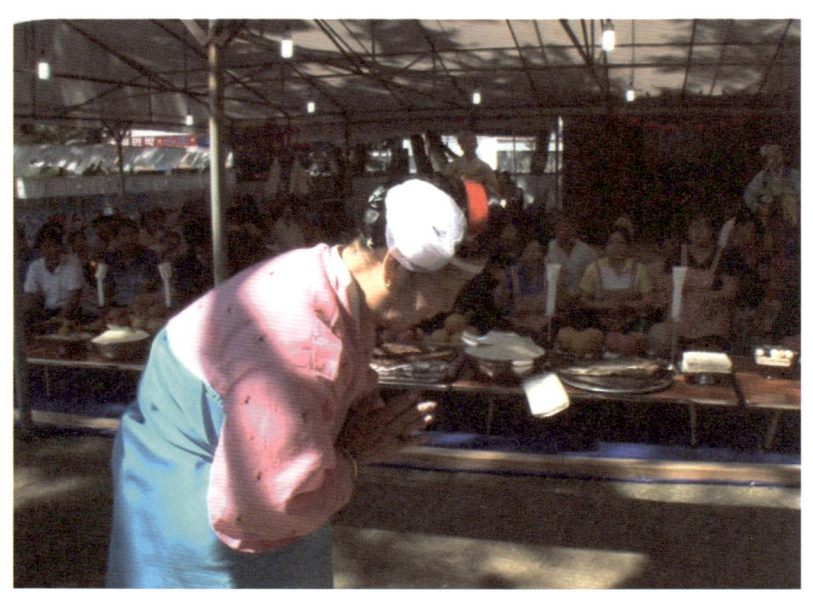

다름 아니다. 제사상에 진설할 제물과 음식 준비. 그리고 한바탕 수다 모두는 마을 아낙들의 몫이다. 일손에 수다를 섞는 왁자함은 그 자체로 잔치다. 축제 겸 행사인 굿. 김영희는 그 굿판의 큰언니다. 그리고 그 굿판을 평생 함께해온 피붙이. 꽃송이 머리띠 조여 맨 둘째가 문굿의 시작을 알린다. 그 마이크 소리를 조카의 호적 소리가 받는다. 그렇게 3박 4일의 동해안 별신굿 첫 과장, 문굿이 시작된다.

마을 잔치이므로 그저 흥겨운 날. 흥겨워 절로 손뼉 맞춰 박수 치는 날. 누구는 미신이라 말해도 그저 축제 겸 잔치인 굿. 그 굿판에 쾌자 차려 입은 양중이 김용택도 사설을 잇는다. 한바탕의 신명. 그렇게 굿당의 문을 열어 굿의 시작을 알리는 문굿이 끝나고 있다. 한바탕 신명으로 부정한 것을 씻어내면, 비로소 굿당의 금줄이 걷어진다.

"이 마을은 옛날부터 수호신 앞에 기도하던 분의 집을 화주집이라고 하는데, 그 집에 가서 조상굿을 먼저 하고 마을의 수호신이 있는 곳으로 가는 겁니다."(김용택)

3박 4일 동안 진행되는, 그 말도 못하는 절차는 집집의 조상을 위한 가망 굿으로 시작된다. 조상님들에게 비는 굿이라 조상거리라고도 부르는 가 망굿은 각 가정의 조상을 한꺼번에 모신다. 조상의 은덕. 김영희는 일일 이 그 청원을 맡는다.
가망굿은 조상의 가호를 바라는 일종의 제수굿의 의미 말고도 각 가정의 조상들과 마을 사람들에게 굿의 시작을 알리는 의미를 포함한다. 사람을 모으는 선놀이꾼의 가락에 둘째가 추임새를 얹는다.

★ 굿은 익어간다

이틀째의 굿판은 제석굿으로 이어지고 있다. 굿 과정의 단위는 석이다. 소지만 올리겠다던 김영희가 제석굿 석을 맡았다. 진하마을은 김영희의 40년 된 당골판이다. 굿판의 영역을 이르는 당골판. 그 40년 소중한 인연에 그는 칠순 나이에도 굿판 한 석을 맡았다.

출산과 양육을 관장하는 삼신. 그 삼신에게 축원하는 제석굿은 가장 일반화된 굿거리다. 그 일반적인 굿거리. 하지만 칠순 나이로 굿을 주도하는 김영희에게는 이마저도 특별하다.
굿은 진행되지 않는다. 굿은 익어간다. 조카들의 암쇠 수쇠 짝드름 가락

도 익고 사촌 동생 양중이 김용택의 열채와 궁채도, 추임새도 익어간다. 익어서 영그는 신명. 사람살이 슬픔과 설움도 익어서 한바탕 어깨 들썩이는 자진가락이 되고, 함박웃음이 되는 그 굿판은 무녀 김영희 가족이 일구는 밭이다. 무당 가족이 아닌, 세습무인의 협연. 동해안 별신굿은 그런 것이다.

그 옛날, 세습무인들이 한 번씩 놀던 그 옛날의 진하마을 풍어제는 그 자체로 걸판진 난장이었다. 굿은 뜨는 해와 지는 해를 따라 하루를 넘어간다. 그 하루의 수고를 그러나 이들은 노동이라 부르지 않는다. 사람과 신을 맺어주는 일. 신을 위로하고, 그 흥취 오른 신들이 마을 사람들의 소망과 기원에 귀 기울여 듣게 하는 일. 그래서 그 마당이 즐거운 잔치가 되게 하는, 슬픔과 걱정을 사르는 한 촉의 향과 같은 그런 약속이라 믿는다.

"옛날 (굿을) 잘하시던 어른들이 이 마을 지나간 것이 기억에 많이 남습니다. 우리 선배들이 다 놀다 간(굿을 한) 그 자리이기 때문에 항상 여기에만 오면 그 생각이 나요."(김용택)

날마다 밥상을 내는 일, 전통은 그런 것이다. 어제도 먹었던 밥을 오늘 또 먹듯이, 옛날에도 했던 굿을 오늘 또 그 자리에서 하는 일. 사람이 빠져도 추억은 남는, 전통이란 그런 것이다.

참여하는 사람들은 예전만 못해도 굿판은 여전히 굿판이다. 신대를 높이 잡고 신을 부르는 신대잡이도 예전 그대로다. 수호신이 깃든 신대는 일종의 정화 기능을 수행한다. 살면서 맺힌 설움과 슬픈 어혈의 응어리를 푸는 굿판으로 무르익은 공동제의의 분위기는 스스럼없는 제속의 감정을 이끌어낸다.

뉘라서 사는 동안 설움 받치지 않았을까. 신대잡이는 그 상처 난 감정을 꺼내 아물게 한다. 무녀의 말. 그것은 수호신의 말이 된다. 힘겹고 고달픈 삶의 어깨를 다독이는 당산 할배의 손길. 눈물은 그것에 감사한 마음의 표현이며, 눈물로 밝히는 새로운 삶의 의지다. 그 신대잡이를 군웅굿이 받는다. 마을의 액을 막는 굿. 그렇게 마을의 안녕을 기원하는 군웅굿 한 석을 조카며느리가 풀어간다.

조카며느리의 목청 한 소리, 발 놓는 춤사위 하나에도 김영희는 기분이 근사하다.

어쩌면 유일한 희망일 수 있는 대물림 굿판. 세습무는 말 그대로 집안에서 세습되며 조카며느리가 그 희망이다. 하지만 그 희망은 본인에게는 책임이 된다.

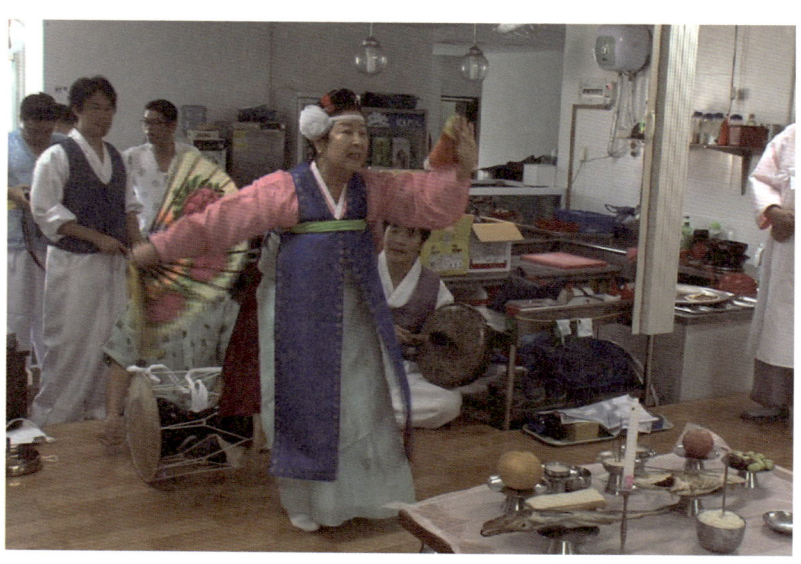

굿판에서는 굿을 배우는 것을 학습이라 부른다. 그 학습은 다만 춤사위와 사설만이 아니다. 제상에 제물을 진설하는 방식과 그 종류 낱낱이 학습이다. 소소한 무엇 하나. 그것이 김영희가 평생을 바친 학습이다.

* 사람과 신을 잇는 전령

동해안 별신굿의 99%를 알고 갖춘 무녀 김영희. 그런 그가 가장 정성을 들이는 굿거리. 동해안 별신굿에서 가장 큰 굿거리인 용왕굿이다. 만선의 풍요와 어부들의 무사 안녕을 기원하는 용왕굿은 진하마을 동해안 별신굿 풍어제의 중심 굿거리인 셈이다.

참여한 사람들은 차례로 제상에 절을 하고 정성을 바친다. 그 정성을 먹은 북어들. 용왕 먹이기로도 불리는 용왕굿 제상에 그 정성, 만선과 무사 안녕의 기원이 물려 있다. 그리고 용왕의 가호로 사람들의 부정한 기운

을 씻어내는 과정은 동해안 별신굿의 유난한 과장이다. 가는 한지 가닥을 머리에 묶어주는 과정은 엄숙했던 굿판에 한바탕 웃음을 던진다.

용왕굿은 마을의 풍요와 평온은 물론 각 가정의 복을 기원하는 기복과 벽사의 기능을 갖추고 있다. 쌀 점을 놓아 한 해의 운수를 헤아리고, 덕담과 축원으로 가정의 복을 기원하는 무녀 김영희.
그는 신 내림을 받아 앞날을 점치는 강신무는 아니다. 하지만 사람과

신을 잇는 전령으로, 그리고 나이 든 어른으로 사람들에게 덕담을 늘어놓는다. 그렇게 용왕굿거리가 마무리되면, 주민들의 의례적인 의식이 이어진다.

마을의 축제며 잔치인 풍어제. 그 온 정성이 용왕을 먹인다. 용왕신에게 기원하는 절실한 그 마음을 담아 용왕굿은 비로소 마무리된다.

삶의 뿌리를 내린 그 바다가 만들어낸 용왕굿. 그것은 동해안 별신굿의 성격을 살피게 하는 대목이다.

이 땅 처처에 이어지고 있는 굿들은 실로 다양하다. 그 가운데 유일한 하나. 그것은 바로 대물림으로 이어온 세습무 동해안 별신굿이다. 4대를 잇고 있는 큰무당 김영희, 그리고 그 자매들. 그리고 사촌 동생, 양중이 김용택. 이들이 어우러져 풀어내는 굿거리장단과 사설 무가들. 여기에 그 굿판의 청자가 되는 마을 사람들. 굿판의 연희자와 관객이면서 참여자인 마을 사람들. 동해안 별신굿은 그런 대동제며 축제의 현장이다. 다만, 세상 변화가 그렇듯, 동해안 별신굿도 그 대물림으로 세습되던 전통성이 위협받고 있다. 그것은 분명 위기며, 그 위기는 젊은 세대의 무거운 책임이다.

* 축제가 끝난 뒤
하루의 굿거리를 접고 몸을 펴는 시간, 젊은 양중이들이 큰 어른 김용택 방을 찾아 든다. 어느 먼 옛적에 굿판을 쫓아다니던 어린 양중이 김용택도 이랬으리라.

교본이랄 것도 없이 그저 어른들이 교사인, 그래서 그 학습이라는 것이 벼루에 얼굴을 묻은 것처럼 캄캄하기만 한, 그 고민을 나누는 시간.

무녀 김영희가 어깨에 한 두릅 피곤을 얹어 숙소로 들어선다. 꽃다운 세월을 건너 이렇게 지내온 40년이며, 오늘은 마지막 굿거리를 남긴 마지막 밤이다.

세월이 저물듯 날은 저물고 그러느라 칠십 평생 익혔던 굿판처럼 달이 구름 속에 익어간다. 그리고 해가 떠오른다. 그러면 진하마을 바닷길 열고 뱃고물들이 또 한 번 바다를 가르라고 무녀 김영희와 마을 사람들은 뱃노래를 푼다.

만선의 뱃줄을 끄는 마음. 마을의 풍어와 가정의 복을 끌어들이는 그 마음은 신바람이다. 그 만선의 뱃줄을 나누는 마당. 어쩌면 부적 같고, 어쩌면 내 정성의 제단 같은, 사람들은 그 뱃줄을 나눠 가졌다.

이제 모셨던 신들은 용선을 태워 정성껏 배웅했다. 그리고 굿당을 알리던 흑연등도 제 소임을 마쳤다. 이제 모든 것은 제자리로 돌아갈 것이다. 한바탕 축제 같은 마을 잔치도, 굿판의 장고 소리, 춤사위들도 제 몫을 다했으므로 일상으로 돌아갈 것이다.

한 판의 굿. 그리고 한 생의 비나리가 제 길을 찾아간다. 때로 삶은 힘들고 고단할 것이나 때로 그 삶에 함박진 웃음도 물릴 것이다. 산다는 건 그럴 것을 알지만 그래도 때론 위로되는 한 가지. 그것은 굿판이고, 세습무들은 그 판에 생을 던진 무당이다.

너무 좋은 굿을 놓지 않는 방법. 동해안 별신굿 전수회관은 그 방편일 수 있다. 4대를 이어 대물린 굿판. 그 굿판을 더 너른 세상으로 물려주기 위한 별신굿 전수회관은 또 다른 이름의 굿판일지 모른다. 그 세상으로 열린 굿판 위에서 무녀 김영희가 춤사위를 밟는다. 평생을 함께한 이것이 우리 것이며 문화재라고, 칠순 노구의 무녀 김영희는 춤사위를 밟는다. 풍요롭지만 바다에서 목숨을 내놓고 사는 사람들은 굿을 한다. 그리고 그 굿을 베푸는 세습무들은 그 삶의 동반자며 사제다. 가장 낮은 곳에서 자신의 고통을 묻은 채 신명을 다해 사람들을 위로해온 이들. 굿판이라 불리는 그 굿판에 풍어 만선의 뱃줄을 당기는 한바탕의 신명. 그것이 동해안 별신굿이며, 그것은 또 다른 모습의 삶. 그 축제다.

1문 1답

Q. 동해안 별신굿은 언제부터 시작된 건가요?

(김영희) 역사적 근원은 알 수 없습니다. 제가 태어나기 전부터 이미 전해져오고 있었어요. 진하마을이 생긴 게 350년 전 정도인데 그때부터 연중으로 했다고 합니다. 이후로는 2년에 한 번, 3년에 한 번씩 하기도 하죠. 저희가 굿을 하면 지역 주민뿐만 아니라 주변에 계시는 노인분들이 많이 관람을 오세요. 어떻게 보면 별신굿이 나이 드신 분들에게 효도하는 '행사'라는 생각이 들기도 합니다.

Q. 예전에는 지금처럼 굿을 하고 나면 많은 돈을 벌 수 있었던 건 아니었지 않나요? 그런데 왜 부모님께서는 대를 이어 굿을 하실 생각을 하신 건지요?

(김영희) 그건 제 자신도 잘 모르겠어요. 굿판을 어른들께서 맡아서 하시면 동생들 업고 가곤 했어요. 굿이 그렇게 좋을 수가 없더라고요. 징, 꽹

145

과리, 장고 소리만 들어도 기분이 좋더라고요. 그 소리에 왜 그렇게 빨리 걸어갔던지…. 지금이야 구경하는 사람들이 별로 없지만 예전에는 수백 명이 되니까 앉을 자리도 없었어요. 자리 때문에 싸움도 하고, 화장실 갈 때는 보따리로 자리를 맡아놓고 가고 그랬지요. 하지만 지금은 동네 풍 어제를 해도 베푸는 사람들이 없어서 그게 좀 아쉽습니다.

Q. 선생님 젊은 시절에는 배울 수 있는 선생님이 안 계셨을 것 같습니다.
(김영희) 없었지요. 그때는 굿이 많아서 (찾아) 다니며 자기 나름대로 배워야 했어요. 누가 '이것 해라', '저것 해라' 하는 게 없었어요. 그때만 해도 동네마다 굿이 많아서 돌면서 했는데 시간이 갈수록 '잘한다'는 이야기를 들었습니다. '앞으로 큰무당이 되겠다'는 어른들도 있었지요. 그 말에 신이 나 기가 살고, 더 잘했던 것 같아요.

Q. 앞으로의 계획은 어떻게 되시나요?
(김용택) (굿이) 저희들 하는 업이다 보니, (굿을 하는) 계획은 항상 세워져 있습니다. 후학과 관련해서는 앞으로 더 잘할 거라 생각합니다. 아직은 제자들이 배우는 단계이기 때문에 제가 더 잘해야 한다고 생각합니다.

Q. 젊은 친구들(후학) 얘기를 들어보면, 선생님들의 전통을 이어나가려는 그런 욕심도 많은 것으로 느껴졌습니다. 선생님 보시기엔 어떠신가요?
(김용택) 많이 이어나가야 할 텐데…. 제가 9살 때 학교를 다니면서부터 산공부를 18년 했는데, 그때만 해도 제자들이 많았습니다. 그만큼 배우는 과정이 너무 힘드니깐 도망가는 사람도 많았어요. 옛날 어른들 학습이 너무 무섭잖아요. 옛날엔 매질이 많았습니다. 두드려 맞기 싫어서 피

하고, 안 하고 그러다 보니⋯. 그런데 지금 제자들도 어려우니 안 하려 해요. 남자들 같은 경우는 가락 자체만 배우고, 여자들은 서서 굿을 하니깐 선무하고, 앉아서 두드리는 거 하고⋯. 각자 역할이 달라요. 서서 춤추고 소리하는 것도 어렵고. 많이들 하려 하지 않아요.

Q. 그런 상황이 좀 안타까우시겠어요.

(김용택) 안타깝죠. 세상이 살기 좋아졌으니 이제 굿은⋯. 예전엔 설움도 당하고, 두드려 맞기도 하며 배웠는데 이제는 누가 그렇게 배우려 하겠어요? 우리는 세습무 집안이니 어른들이 아이들을 알뜰히 가르치기 위해 많이 엄하게 하셨어요.

가야금 병창 안숙선
"눈을 감으면 꼭 제 마음을 같이
알아주는 친구 같았어요."

달빛이 들어오는 그런 옛날 창호지. 그 불빛에서 이제 줄을 확인하면서
가야금을 타고 있으면 어린 마음이라도 한없이 탔어요. 눈을 감고 가야
금을 타고 있으면 꼭 제 마음을 같이 알아주는 친구 같았어요.

공감, 절제

소리에 삶을 싣다, 가야금 병창 안숙선

★ 프롤로그

가야금 12줄을 고르니 인생의 질곡이 울려 퍼진다. 그 선율에 명창 안숙선의 소리를 얹으니 가야금 병창은 삶을 풀어내는 소리가 된다. 아홉 살 어린 나이에 접어든 소리 길 50여 년. 가야금 병창 인간문화재인 안숙선은 삶이 곧 소리인 인생의 외길을 걸으며 오늘도 보물 같은 우리의 소리를 들려주고 있다.

★ 소리 길 50여 년

소리의 고장, 남원은 명창 안숙선이 태어나고 자란 고향이다. 남원에서의 어린 시절, 안숙선은 '아기 명창'으로 불렸다. 자라선 〈전국학생명창대회〉를 휩쓸며 본격적인 소리의 길로 접어들었다. 중요무형문화재 제23호 가야금 산조 및 병창 예능보유자이며 판소리 명창의 시작이다.

"참 힘들었던 때였던 것 같아요. 저희가 한참 커나갈 때가. 그래서 제가 우리 음악을 배우는 것이 어머님에게 보탬이 된다면 저는 당연히 받아들이고 제가 열심히 해서 어머니를 기쁘게 해드려야지 하는 그런 일념으로 했던 것 같아요."

안숙선은 이름 난 소리 집안에서 자랐다. 외가 어른들은 전통의 소리를 이어받아 지켜온 명인들이었다. 대금 산조 인간문화재인 강백천 선생이 외당숙이고, 동편제의 대가인 판소리 인간문화재 강도근 선생이 외삼촌이다. 이모인 강순영 선생은 가야금 산조 인간문화재다.

아홉 살 어린 안숙선 무릎에 처음으로 가야금을 얹어준 이는 이모 강순영 선생이다. 손가락 마디마디로 느껴지는 아픔. 하지만 이내 그는 손가락에 느껴지는 현의 느낌과 낯선 가야금의 소리에 자신도 모르게 이끌렸다. 마음은 조용해졌고, 묘한 매력에 휩싸였다. 이렇듯 어린 나이, 고요한 가야금 선율에 이끌려 연주를 배운 것이 소리 길의 첫걸음이었다.

"달빛이 들어오는 그런 옛날 창호지. 그 불빛에서 이제 줄을 확인하면서 가야금을 타고 있으면 어린 마음이라도 한없이 탔어요. 눈을 감고 가야금을 타고 있으면 꼭 제 마음을 같이 알아주는 친구 같았어요."

어린 시절, 이름 난 아기 명창이었던 안숙선에게 남원역은 특별한 곳이었다. 이곳에서 늘 소리 공연을 위해 낯선 곳으로 길을 떠났기 때문이다. 남원역에서 아기 명창 안숙선은 새로운 공연에 대한 두려움과 기대감으

152

로 설레었다. 날이 부옇게 밝아올 무렵, 어머니는 늘 소리하러 나서는 딸을 배웅해주셨다.

아버지를 일찍 여읜 오 남매를 삯바느질로 키우던 어머니는 한참 뛰어놀 어린 나이에 이른 새벽부터 소리 길에 나서는 딸을 보며 늘 가슴 아파하셨다. 딸의 모습이 보이지 않을 때까지 하염없이 그 뒷모습을 지켰던 사람도 어머니였다.

"뒤를 돌아보면 계속 눈물을 흠치고 계시더라고요. 어린것을 어떻게 저렇게 보내나 싶어가지고⋯. 그런 걸 보고 떠나려는 제 마음은 더더욱 엄마 곁을 떨어지기 싫었지만, 이게 내 일이기 때문에 떠나야만 하는, 그런 애틋한 마음들이었습니다."

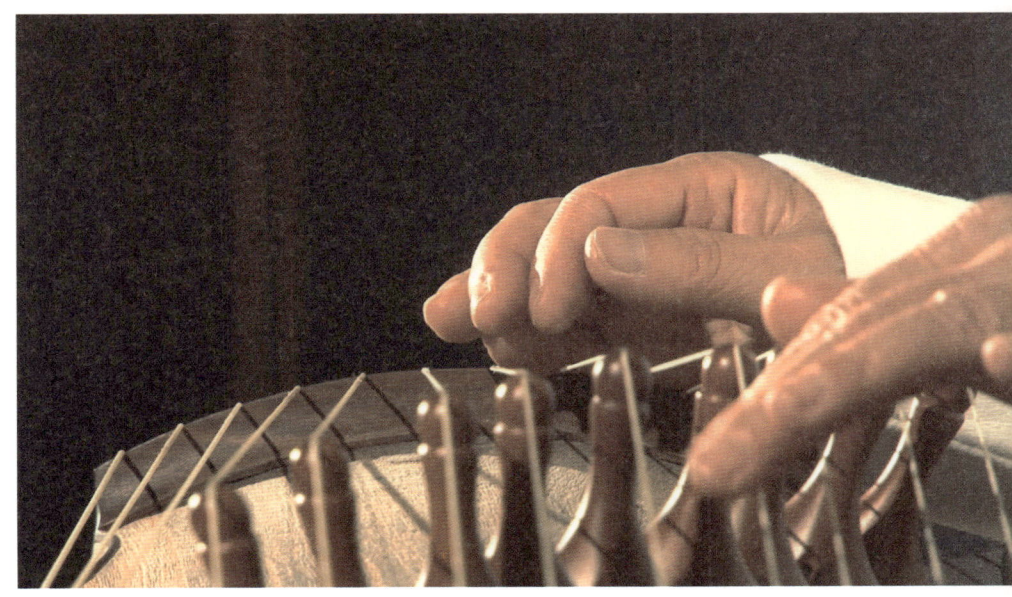

때론 학교 대신 소리 공연을 가야 했다. 그만큼 소리가 좋았다. 집안 살림에 작은 보탬이나마 될 수 있어 뿌듯한 일이었다. 하지만 아기 명창을 바라보는 시선은 그리 좋을 수만은 없었다. '쓸데없는 짓 한다'고 생각하던 어른들로 인해 기가 죽었다. 학교 친구들은 '제발 그 일 좀 그만하라'며 '함께 공부하자'고 말했다. 소리 집안에서 자라면서도 소리의 길을 가지 않은 어머니는 어린 딸의 고단한 소리 길을 늘 안타까워했다.

"집 안에서 곱게 자라 시집가는 여느 여자들처럼 평범한 생활을 하시길 원하셨던 것 같아요."

★ 국악의 길을 잇는 어머니와 딸

소리 길 50여 년. 명인의 딸 최영훈은 어머니 안숙선의 뒤를 이어 국악의 길을 걷고 있다. 안숙선은 소리를 하겠다는 딸을 만류하고 거문고를 권했다. 깊고 묵직한 거문고 선율이 딸의 심성에 잘 어울린다고 여겼기 때문이다. 안숙선은 소리의 길이 얼마나 힘든지 누구보다 잘 안다. 고통의 길이다. 그렇기 때문에 딸에게 "악기를 하라"고 제안했다. 하지만 딸은 여전히 어머니의 소리를 그대로 물려받고 싶은 욕심을 버리지 못했다.

어려서부터 어머니의 소리를 들으며 자란 딸은 어느덧 힘겨운 소리 길의 든든한 동행자가 됐다. 어머니는 딸에게 늘 연습의 중요성과 자기가 가려는 길에 대한 확고한 신념을 강조한다. 그것이 없다면 갈 수 없는 길이기 때문이다.

거문고를 연주하는 최영훈과 명창 안숙선. 이 어머니와 딸은 한 무대에 선다. 딸의 거문고 무대에서 안숙선은 기꺼이 고수가 된다. 딸의 소리 길

에 든든한 버팀목이 돼주고픈 어머니의 마음이다. 가족이 그녀에게 버팀
목이 되었듯, 딸에게 어머니는 커다란 버팀목이 되고 있다.

안숙선이 평생 좋은 소리를 가꿔온 것도 모두 가족이 있었기에 가능했
다. 혹여나 소리를 하는데 집안일로 부담을 가질까 봐 가족들은 늘 배려
했다. 명창의 든든한 지원자인 남편은 마당에 목소리에 좋은 약초까지
기른다. 남편은 "존경하는 사람"으로 늘 아내를 꼽는다. 가족의 무한한
사랑과 신뢰는 명창이 소리 길에 매진할 수 있는 또 다른 힘이 되어 주고
있다.

★ 싫지 않은 별명, 연습벌레
무대를 앞두고 안숙선은 몸부터 푼다. 몸과 더불어 마음을 다스렸을 때

비로소 좋은 소리를 낼 수 있다.

"극장 주위를 한 바퀴 돌아요. 그렇게 몸을 좀 풀어주고 소리도 조금씩 풀고
그렇게 해야 합니다. 가만히 있다 소리 내려면 소리도 안 나와요."

소리 길 50년을 넘어선 명창이지만 아직도 손에서 악보를 놓지 않는다.
무대에 오르기 전까지 언제나 긴장 상태다. 그녀에게 무대에 올라가기
전까지는 고통의 순간이다.

한참 소리를 익히던 창극단 시절, 안숙선은 아무도 없는 지하 보일러실
까지 찾아가 소리에 매달렸다. 모두가 퇴근한 무렵에 홀로 남아 창밖을
내다보다 연습을 했다. 공부가 참으로 어려우면서도 즐거웠다. 공연이
있는 당일에도 연습을 거르지 않았다. 그것이 무리가 되어 공연에서 소

리가 안 나와 고통스러웠던 적이 한두 번이 아니었다. 이에 안숙선은 '연습벌레'라 불렸다.

"한참 소리하다 보면 대목을 이어가다 시간을 잊어버리잖아요. 그렇게 연습하다 나중엔 몸무게가 39kg까지 내려가기도 했어요."

젊은 시절 '연습벌레' 별명은 여전하다. 안숙선은 50이 넘은 나이에도 늘 배우러 다녔다. 정광수 명창, 강도근 명창 등 국내 대표적인 명창들을 쫓아다니며 공부했다. 어떤 공간이나 장소도 그녀의 열정과 집념을 꺾을 순 없었다. 안숙선에게 허락된 공간이기만 하면 소리 연습을 했다. 단 하루도 헛되이 살지 않았다. 일인 다역을 맡아 몇 시간에 걸쳐 소리를 해야 하기에 일상이 곧 연습이었다. 그 같은 노력이 있었기에 그녀는 지금도 소리 한 마당을 거뜬히 풀어낸다. 오랜 기다림과 많은 준비 끝에 오르는 무대. 안숙선은 늘 최고의 무대를 선사했다. 관객들은 늘 작은 체구에서 나오는 깊은 소리에 감동했다. 판소리가 가진 흥겨움과 슬픔에 웃고 울었다.

* 소리 이전에 인품을 가르치다
안숙선의 첫 스승은 〈춘향가〉 예능보유자인 만정 김소희 선생이다. 전설의 명창이었던 만정은 연습벌레였던 제자 안숙선을 녹음기라 부르며 각별히 아꼈다.

"반복 연습을 통해 완전히 머릿속에 들어가야 되잖아요. 제 나름대로 악보를 만들어요. '중청'이면 제가 알아볼 수 있도록 '중'이라는 글자를 써놓는

거죠. 다른 분들은 다 어르신들이니까 잊어버리는 경우가 있어요. 그럴 때 제가 '이거예요' 하고 노래를 쭉 하는 거죠. 그런 것들이 반복되다 보니 녹음기라는 별명을 붙여주신 거예요."

안숙선은 스승의 입장에선 애정이 갈 수밖에 없는 제자였다. 두 번 가르치지 않아도 됐다. 한 번만 해줘도 바로 스승의 소리를 따라했다. 특별한 재주였다.

오랜 세월에 걸쳐 사람에게서 사람에게로 전수되어온 판소리를 제대로 익히기 위해 안숙선은 스승의 소리를 그대로 흡수했다.

1986년 안숙선은 만정 김소희 선생을 비롯해 청운 박봉술 선생, 양암 정광수 선생, 춘전 성우향 선생에게 소리를 익힌 뒤, 판소리 다섯 마당 완창 무대를 열었다.

"많은 인물들이 나오고 상황이 달라지니까, 그것들을 어떻게 표현을 하느냐가 고민이지요. 듣는 사람이 그 순간 예술성에 녹아 그 소리를 통해서, 자신의 상상을 만들어가도록 하는 게 쉽지가 않아요."

역대 수많은 소리의 명인들이 도전했지만 실패를 맛봐야만 했던 판소리 다섯 마당을 익히기 위해 안숙선은 스스로를 혹독하게 담금질했다. 국악계에서 판소리 다섯 마당을 완창한 경우는 박동진 명창과 그다음이 안숙선 명창이다.

당시 안숙선의 모습을 기억하는 이들은 이렇게 말한다. "비장한 눈빛, 하늘을 날아다니는 청아한 목소리, 힘이 있는 공력 등이 경이로운 수준이었다"고.

하지만 안숙선은 늘 스스로에 대해 엄격하다. 소리를 시작한 지 50년이 넘은 지금도 변함이 없다. 만정 선생은 늘 반듯한 삶을 살라 가르쳤다. 제자를 일깨울 일이 있으면 조용히 긴 편지를 건넸다. 스승은 제자에게 만 명의 환호보다 한 명의 비판을 두려워하며 소리에 정진하라는 교훈을 남겼다.

"맞는 말씀이라서 평생 제가 간직하고 있습니다. 하지만 사람이라는 게 그런 게 쉽지가 않잖아요. 무리를 범할 때가 많거든요. 제발 선생님의 말씀과 같은 명창이 됐으면 좋겠어요. 제가, 제 스스로에게 당부하고 싶은 이야기입니다."

* 인간문화재의 맥을 잇다
안숙선의 또 다른 스승은 향사 박귀희 선생이다. 가야금 병창 및 산조 예능보유자였던 향사는 안숙선을 제자로 선택해 가야금 병창을 전수해주

었다. 향사 선생은 안숙선에게 아버지처럼 큰 어른, 만정 선생은 어머니처럼 큰 어른이었다.

"공부하러 선생님을 뵈러 가면 곰국을 고아 놓았다가 '아가, 좀 먹고 해라'라고 하시든가 제가 '너무 피곤하다'고 하면 '누워라, 한숨 자고 공부시켜야겠다'고 하시며 챙겨주곤 하셨습니다."

9살의 어린 안숙선을 소리의 길로 이끌었던 가야금은 스승을 만나 더욱 깊어졌다. 1997년, 박귀희 선생의 뒤를 이어 가야금 산조와 병창 예능보유자로 선정됐다. 안숙선은 두 스승을 아버지와 어머니처럼 죽을 때까지 가슴속에 묻고 두 분의 말씀대로 음악을 하는 게 목표다.
그리고 이제 안숙선은 제자가 아닌 스승의 자리에 있다. 두 스승이 그랬

던 것처럼 안숙선 역시 제자들에게 아버지, 어머니 같은 스승이 되고자한다. 스승에게 배웠듯, 소리보다 더 중요한 건 우리 소리에 대한 마음가짐임을 안숙선은 오늘도 몸소 가르치고 있다. 더불어 우리 소리의 원형을 그대로 전하기 위해 세심한 노력을 기울이고 있다.

"우리 음악은 우리의 조상들이 그 윗대 조상으로부터 전수받아 저희에게 고귀하게 남겨주신 것입니다. 그걸 제대로 보존을 못할망정 변형을 시키거나잘못되게 해서는 안 됩니다. 때문에 우리나라 사람들의 정신과 뿌리, 그러니까 사람과 같으면 뼈대죠, 그게 흔들려버리면 안 되는 거예요. 그렇기 때문에 마음가짐과 정신을 잘 다듬어야 합니다. 제자들이 이런 확신과 사명감을가졌으면 합니다."

* 슬픈 소리가 달다

9살 때부터 소리와 악기를 섭렵해온 시대의 명창 안숙선. 그러나 그에게
도 소리를 할 수 없던 아픔의 시간이 있었다.

"파리, 가을축제 가서 〈춘향가〉를 한 6시간을 불렀습니다. 그리고 그다음에
미국 링컨센터 가서 또 6시간 이상을 불렀습니다. 그랬더니 결국 목에 성대
결절이 생겨 피가 나는 일이 발생했어요."

말조차 못하게 되자 소리는 더욱 간절해졌다. 눈으로라도 사설을 읽으며
판소리를 해야 견딜 수 있었다. 판소리가 인생의 희로애락, 우여곡절 그
리고 못 당할 일, 즐거운 일, 이런 것들을 켜켜이 뽑아내는 것이기 때문

에 어떤 인생의 질곡을 모르면 호소력이 약하다. 그런 정서들이 음악을 훨씬 더 깊고 넓게, 그리고 애절하게 한다. 안숙선의 고난은 소리 속에 깊이를 더했다. 삶의 아픔마저도 소리에 녹여낸 안숙선은 김덕수와 함께 전통 음악의 새로운 변신을 시도한다. 전통의 창조적인 계승 차원에서 두 사람은 의기투합했다. 지구촌의 맛깔 나는 것을 모두 가져다 우리 양념을 쳐 우리의 기운으로 세계 음악화를 해보겠다는 것이다.

여기에 안숙선은 전통 소리에 이 시대의 이야기를 담은 새로운 창작 판소리를 만들기 위해서도 노력하고 있다.

"〈춘향가〉, 〈심청가〉, 그리고 여러 가지 음악들이 있지만 이 시대를 살면서 이 시대의 아름다움, 사랑, 이 시대의 아픔을 담은 이야기를 소리로, 창극으로 만들어야 합니다. 지금부터 시작하면 더 많은 사람이 우리 창극을 찾아올

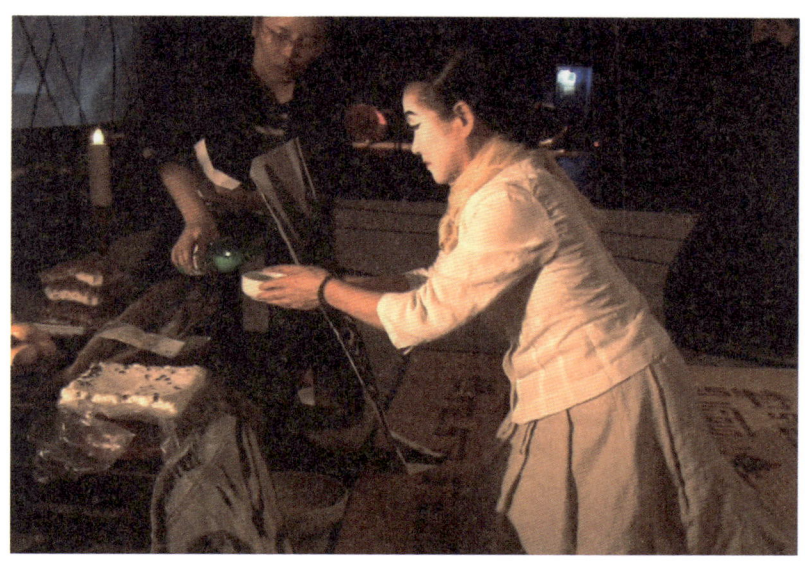

것입니다. 우리 판소리를 듣게 되는 것 때문에라도 창작이 필요합니다."

＊ 소리의 원천이 되다

2011년 가을, 세계국립극장페스티벌 준비가 한창이다. 축제의 개막작은
한국의 판소리 〈수궁가〉이다. 이야기를 끌어가는 도창을 맡은 안숙선은
무대를 가득 채울 만큼 커다란 소리치마를 입는다. 넓은 치마폭에서 세
상을 향해 소리를 풀어내는 소리어미의 역을 맡았기 때문이다.

"판소리 창자이지만, 소리의 어미라고도 할 수 있죠. 그러니까 우리 판소리
가 창자 한 사람의 말을 통해서 음악으로 또 약간의 발림, 연기로 여러분과
소통하듯이 그런 형식을 취합니다."

2011년 〈수궁가〉는 새로운 무대를 열었다. 판소리에 매료된 세계적인
오페라 감독인 아힘 프라이어(Achim Freyer)가 연출을 맡은 것. 아힘 프
라이어는 현대 사회에서 인식의 전환을 통해 현대에 맞게, 병풍과 돗자
리를 까는 것이 아니라 조금 더 다른 공간을 만들어 다양한 모습으로 공
연을 하고자 했다. 프라이어 감독은 판소리의 전통을 지키면서도 새로운
무대연출로 소리의 깊이를 더했다.
해외 관객과 만난 〈수궁가〉. 그 가장 큰 맥은 살아 있는 한국의 전통 소
리다. 그 중심에 안숙선 명창이 있다.
세계인에게 독창적인 한국 소리를 제대로 전달하기 위해 안숙선은 소리
하나하나까지 세심히 조율했다. 소리가 곧 〈수궁가〉 그 자체인 셈이다.
소리어미로 분한 안숙선은 감독조차 생각지 못한 다양한 소리를 내뿜으
며 소리의 원천이 됐다.

판소리 〈수궁가〉의 변신에 해외 관객들의 관심은 집중됐다. 소리어미의
등장으로, 태초에 소리 세상을 열고, 다양한 창을 풀어내는 소리어미의
가락이 한국을 넘어 세계 속으로 퍼져나갔다.

명창 안숙선은 1980년대부터 한국의 소리를 세계에 알려왔다. 전통 소
리의 본격적인 해외 진출이었다. 안숙선의 소리에 외국인들은 다섯 번이
면 다섯 번, 심지어 열 번까지 기립박수를 하며 찬사를 보냈다. 사람들은
하늘에서 들려오는 메아리를 듣는 착각에 빠져들었다. 안숙선 그 작은
몸집의 어디에서 그 장대하고 강렬한 소리가 터져 나오는지 신기한 눈빛
을 보냈다. 가슴이 터질 듯한 소리, 미세한 음조의 변화와 함께 넓게 퍼
지는 비브라토, 창의적이고 뛰어난 예술적 재능에 감탄했다.

1988년 유럽 8개국에서 안숙선의 소리 공연이 열렸다. 언어는 달랐지만 마음이 통하는 자리였다. 명창의 소리는 전 세계로 퍼져나갔다. 세계 언론은 목소리에 삶의 희로애락을 담은 안숙선을 '살아 있는 예술'이라 불렀다.

1988년 프랑스는 한국의 명창 안숙선이 인류문화 발전에 기여해온 공을 높이 평가해 예술문화훈장을 수여했다. 1999년에는 전통의 소리를 세계에 널리 알린 공을 인정받아 대한민국 옥관문화훈장을 받았다.

★ 소리 길은 계속된다

전통의 소리는 후대로 이어지고 있다. 젊은 소리꾼들은 전통을 지키면서도 관객에게 다가설 수 있는 새로운 마당을 준비하고 있다. 영원한 춘향으

로 불리는 안숙선의 소리도 제자에게 이어지고 있다. 안숙선은 춘향을 만난 뒤, 소리에 마음을 싣고, 삶을 실어 노래하는 법을 배웠다. 세대를 이어가는 춘향의 소리는 젊은 소리꾼의 열정을 일깨워준다. 이를 지켜보는 명창에겐 소리 길의 초심을 돌아보게 만든다. 잊을 수 없는 춘향의 소리다.

그저 마당 한 자락이면 족하다. 그 위에서 피어나는 우리의 소리. 풍물패가 세상을 깨우고 소고가 마음을 두드리면 부드러운 춤사위가 흥을 돋운다. 그리고 이어지는 명창 안숙선의 판소리, 〈춘향가〉.
어린 시절, 스승은 늘 '슬픈 노래가 달다'고 가르쳤다. 깊은 슬픔조차 소리에 녹여내 따뜻이 어루만져줄 수 있는, 그런 소리꾼이 되길 바라는 마음이었으리라.

"오늘날 제가 이런 소리로 이 시대를 살아가면서 아픔이나 고통, 고민이나 이런 것을 조금이라도 함께 나눴다는 것. 제 소리로. 그게 보람이라면 보람입니다."

소리는 긴 세월 켜켜이 쌓여온 삶의 이야기가 아니던가. 세상 사람들과 서로의 삶을 나누고 위로가 되는 것. 그것이 바로 명창의 오랜 바람이다. 어린 시절, 가야금 소리에 이끌려 접어든 소리 길 50여 년. 안숙선의 소리 길은 오로지 좋은 소리를 구하는 득음의 여정이었다. 수많은 소리의 갈래 속에서 혼을 담은 소리를 찾기 위한 안숙선의 득음의 여정은 지금도 계속되고 있다.

1문 1답

Q. 판소리 다섯 마당 완창 무대를 마친 뒤의 심정은 어떠하셨나요?

50년 소리 인생을 걸어오면서 가장 기억에 남는 일이 1986년부터 〈적벽
가〉를 시작으로 판소리 다섯 마당을 완창한 일입니다. 이 분야를 앞으로
가려는 소리꾼으로서 교과서를 뗐다는 느낌이었어요. 어린 나이에 겁 없
이 소리도 모르면서 했던 것 같습니다.

Q. 안숙선 선생님이 생각하시는 우리 판소리의 매력은 무엇인가요?

겨울철에 스웨덴에서 공연을 하는데 사람들이 "이것은 언어를 몰라도 음
악을 듣고 몸짓만 봐도 여자가 하는 아름다운 소리인지, 남자가 하는 소

리인지, 슬픈 소리인지를 알겠다"고 말하더라고요. 우리 소리가 인물에 맞게, 상황에 맞게, 음악에 맞게 '조'를 잘 표현한 것이지요. 판소리는 사설과 음악, 연극 등 3가지 요소로 이뤄져 있는데, 아주 예술적으로 잘 만들어진 장르입니다. 외국에서도 판소리와 비슷한 것이 있다고 하지만 우리 소리처럼 사람의 심리를 잘 표현한 예술 장르는 없어요.

Q. 작창하시면서, 창극본이 영어, 일어, 불어로도 번역이 되고 있습니다. 이는 세계적 대중성도 생각하고 계시다는 걸로 느껴집니다.

당연히 창극은 우리나라를 대표해서 세계 무대로 나가야 합니다. 그동안 판소리나 기악, 무용, 다른 여러 장르가 세계 무대에 나가 한국을 대표해 많은 찬사를 받았습니다. 이제는 그런 것들을 종합적으로 창극 속에 함께 만들어서 종합적인 우리의 예술의 한 뭉치로 보여줄 시대가 왔습니다.
요즘 뮤지컬이나 오페라 등은 국내는 물론 해외에서도 인기가 많습니다. 눈으로 볼 거리가 있고, 들을 거리가 있고, 그 속에 그 나라의 문화가 담겨 있기 때문입니다. 우리도 우리 한국적인 문화인 창극을 발전시키고 우리 것으로 만들어 국내는 물론 세계 무대에 대표적인 음악극이 되어야 한다고 생각합니다.

Q. 선생님께서는 해외 공연을 많이 다니셨습니다. 올림픽, 아비뇽페스티발 등 우리 소리를 해외에 많이 알리셨는데, 해외에서 통하는 우리 소리의 매력은 무엇인가요?

지구촌 어디를 가도 우리 소리는 감성적으로 통합니다. 사람이 살아가는 이야기를 음악 구조가, 전통음악이 사람이 말하고자 하는 것을 확대시켜 음악으로 만든 것이기 때문이지요. 보통 '슬프다', '기쁘다'고 하면 장단과 곡조를, 즐거우면 춤을 추고 들떠 소리 지르듯 그런 것을 극대화시켜 소리를 만들었기 때문에 세계 어디를 가도 우리 소리성 우리 음악의 성음만 듣고도 느낄 수 있는 것입니다. 어떤 양식을 만드는 게 아니라 새소리, 물소리를 그대로 내는 것. 언어는 통하지 않아도 성음만 듣고도 '아, 저건 슬픈 소리', '즐거운 소리', '젊은 소리', '멋있는 남자의 소리' 등을 다 판단할 수 있기 때문입니다.

Q. '슬픈 소리가 달다'라는 말에는 어떤 깊은 뜻이 담겨 있나요?

소리꾼으로 살며 오랫동안 품어온 격언이 하나 있습니다. '기쁨보다 슬픔을 담은 소리가 더 달다.' 9세 때 판소리의 맛을 처음 일깨워준 주광덕 선생님이 즐겨 하시던 말씀이에요. 그때는 알아듣기 힘들었지만 세월이 그것을 일깨워줬습니다. 스승들은 슬픔을 터뜨리지 않으셨어요. 슬픔이 클수록 절제되고 감춰지는 거죠. 소리는 죽죽 펴서 하는 게 좋다던 스승들의 말씀이

나이 드니 정말 공감이 가더라고요. 애써 표현하려 쥐어짜는 것보다 무덤덤하고 무심하게 소리하는 게 낫더라고요. 바로 절제의 미학이죠.

Q. 이 시대, 안숙선 선생님이 생각하는 명창은 어떤 소리를 하는 사람이어야 할까요?

소리를 잘한다는 것은 소리에 담긴 이야기를 세상 사람들에게 잘 전달하는 것입니다. 사람과 희로애락을 소리에 담아 즉, 세상살이 이야기를 짙고, 옅고, 크고, 작은 음색의 소리의 힘을 통해 마음으로 노래하는 것입니다. 그런 사람이 명창이겠죠.

승전무 엄옥자
"팔자에 내가 꼭 승전무를 해야 되겠다 하는 사람이라야지 영원합니다"

팔자에 내가 꼭 승전무를 해야 되겠다 하는 사람이라야지 영원합니다. 중간에 그냥 잠깐 들어왔다 나갔다 하면 공부가 안 되는 겁니다. 그건 예인으로서는 절대로 그렇게 해서는 안 되는 겁니다. 누군가 춤은 인생을 노래하는 행위라고 했던가요? 누구보다 뜨거운 인생을 노래하기 위해 춤을 췄고 앞으로도 영원히 춤을 출 것입니다.

열정

칼의 노래,
승전무 엄옥자

★ 프롤로그

"왜군이 밀려온다!"

북소리가 요란하게 울려퍼지자 삼도수군통제사는 즉각 병사들에 소집 명령을 내렸다. 임진년, 왜군이 조선의 땅을 밟은 뒤 조선군은 연전연패를 거듭했다. 나라가 멸망의 위기에 처한 풍전등화의 상황, 그 조선에 기적처럼 나타난 구세주, 왜군을 상대로 고대하던 승리를 안겨주며 전세를 단숨에 역전시킨 사람, 삼도수군통제사는 이순신 장군, 바로 그 사람이었다.

이순신 장군과 병사들의 출격 준비가 완료되었다. 병사들은 배를 타고 전투 태세를 갖췄지만 그들의 눈에서는 불안감과 공포가 떠날 줄 모른다. 그때, 어디선가 활옷을 입고 양손에 한삼을 낀 무희들이 나타난다. 한 쌍의 칼을 휘두르며 장엄한 북소리와 함께 그들의 우아한 춤이 시작된다.

병사들이 넋을 잃고 그녀들을 바라본다. 심장 박동과 같은 북소리는 그 속도에 따라 심장을 더 빠르게 뛰도록 만든다. 그녀들의 화려한 검무는 승리의 여신이 조선의 군대와 함께한다는 마음을 심어놓고 승리에 대한 자신감도 불어넣었다.

병사들의 눈에서는 점점 불안감과 공포의 빛이 사라진다. 그들은 분연히 일어섰고 투구를 고쳐 쓰고 갑옷 끈을 조여 맨다. 엄청난 함성을 지르며 왜군의 대규모 선박이 있는 곳으로 씩씩하게 몰려나가는 조선의 수군, 그들은 왜군과 한산도 인근 바다에서 마주쳤다. 그리고 시작된 전투, 곧 왜군의 비명 소리가 난무하고 장군의 승전보와 함께 우리 병사들의 환호 가 터져 나왔다. 한산대첩이다.

이순신 장군은 왜군의 총에 스러졌지만 영원히 지지 않을 충무의 혼을 남겼다. 하지만 장군의 부대의 사기를 돋우고 그들의 승전을 축하하며 환호해주던 '승전무'는 '기생의 춤'이라는 편견 속에서 사라질 위기를 맞았다. 그러나 다행히도 승전무는 여전히 우리 곁에 보존되어 있다. 기생의 춤이 아닌 중요무형문화재로, 인간문화재인 엄옥자 선생을 통해 여전히 숨을 쉬고 있다.

승전무는 교방청 소속 기녀들이 전쟁에 나가는 이들의 사기를 돋우기 위해 연회석이나 배 위에서 춘 춤이다. 좁은 공간에서 추어지는 춤인 만큼 춤사위가 전투적이면서도 내향적인 특징을 지니고 있다. 그 당시에는 기녀들이 병사들의 사기 진작을 위해 춘 춤이지만 이순신 장군의 사후 충

무공을 기리는 현무로서 지금까지 그 명맥을 이어오고 있다.

바로 그 승전무를 계승하는 엄 선생은 스물여섯이라는 어린 나이에 승전무를 처음 접했다. 그것도 통영여고 교사를 지내던 시절이었다. 무엇이 꽃다운 나이의 여선생님을 승전무로 이끌었을까?

그녀의 집에는 녹이 슬어버린 오래된 칼 한 쌍이 있다. 그 칼의 원래 주인 이름은 정순남, 정순남 씨는 통영의 마지막 남은 기녀 중 하나였고 그 녹슨 칼은 그녀가 엄옥자 선생에게 물려준 것이다. 엄옥자 선생이 그 칼을 가지고 있는 이유, 바로 그녀에게 승전무를 가르쳐준 사람이 바로 정순남 씨이기 때문이다.

그녀는 교사 생활을 하다가 주변에서 승전무에 대한 이야기를 접했고 주변의 권유로 묻힌 승전무를 발굴해보기로 했다. 이 과정에서 만난 사람

이 바로 정순남 씨로, 그녀는 승전무의 마지막 계승자인 정순남 씨에게 승전무를 전수해줄 것을 부탁했다. 그러나 예상 외로 그녀의 부탁은 거절당했다. 승전무가 기생춤이라는 인식이 강했기에 그녀의 스승이 알려주기 꺼려했던 것이다. 그러나 엄옥자 선생은 거기서 포기하지 않았다. 재차, 삼차 그녀를 설득했고 기어이 북춤과 칼춤으로 구성된 승전무를 전수받을 수 있었다.

이후 그녀는 각고의 노력 끝에 승전무를 '기생의 춤'에서 중요무형문화재로 탈바꿈시켜놓았다. 드디어 1968년 승전무 중 북을 치는 무고가 중요무형문화재로 지정되었으며, 1987년에는 검무까지 중요무형문화재로 지정되면서 승전무가 완성되었다. 아울러 그녀는 우리나라 문화재 지정 사상 최연소 무형문화재 3명 중 1명이 되기에 이르렀다.

*승전무의 춤사위

팔에 색동 한삼을 끼고 화려한 족두리를 머리 위에 얹는다. 두 개의 북채를 들었지만 북채는 한삼 속에 숨는다. 허리에 두른 전대는 왼쪽으로 매듭을 묶고 북이 있는 무대로 오른다. 무대에 오른 네 명은 조를 이뤄 북의 사면에 서서 춤을 추기 시작한다. '두둥, 두둥', 북소리가 울려 퍼지면 그들의 춤사위가 시작된다. 텅 빈 공간 속에 놓인 북, 무용수들의 호흡이 온 세상을 채울 것 같은 북소리를 만들어낸다.

그렇다면 승전무의 검무는 어떠한 모습일까? 머리에는 붉은색 전립을 쓴다. 보통 검은색인 전립이 붉은색인 이유는 여성의 우아함과 관능적인 아름다움을 표현하기 위함이다. 검무의 핵심은 역시 '칼', 분리형인 칼 목은 360도 돌아가게 되어 있어 역동적인 움직임을 선사한다.

무희들은 겨드랑이에 칼을 끼우고 팔을 바다의 물결처럼 흔든다. 칼을 어깨 위에 얹고 다시 머리 위로 칼을 올려 꺾는다. 배 위에서 춤을 추다 보니 검무임에도 불구하고 동작들이 안으로 옥아든다. 그러나 여기서 바로 통영 승전무의 절제미와 표현력을 섬세하게 느낄 수 있다.

전장으로 떠나는 병사들을 보내는 아낙의 비정함, 승전무에는 바로 그것이 있다.

*인간문화재의 핏줄

잠깐 그녀의 가족을 얘기해보자. 그의 집에서 춤을 추는 사람은 비단 그녀뿐이 아니다. 그녀의 딸인 변지연 씨도 춤을 춘다. 평생을 춤을 추며 살아온 그녀가 자신의 딸이 그 길을 걷는 데 대해 걱정이 없을 리 없다. 하지만 그녀는 자신의 딸이 자랑스럽다.

"아이고 고생한다. 이 고생은 죽을 때까지 이 짓을 해야 되는데 어떻게 해야 되겠노."

일생을 춤을 추며 살아온 엄옥자 선생인 만큼 그 길을 따라가야 하는 그녀의 딸이 안쓰러운 것은 당연한 얘기. 그녀의 전공은 엄마와는 다른 현대무용, 그녀의 공연 날이면 엄옥자 선생은 남편과 제자들과 함께 그녀의 공연장을 찾는다. 전위예술에 가까운 파격적이고 실험적인 무대가 펼쳐지면, 엄옥자 선생은 그날만큼은 춤꾼이 아닌 엄마로서 뜨거운 박수를 보내곤 한다.

변 씨는 엄 선생이 인간문화재로 지정된 해 태어났다. 배 속에서부터 엄마와 함께 췄던 춤이 그녀의 피를 타고 흐르며 그녀 역시 춤이라는 예술의 세계로 인도된 셈이다.

"제가 인간문화재가 되던 해에 지연이가 태어났어요. 애기를 가져가지고 승전무도 열심히 했고 노래도 열심히 불렀고 춤에 대해서 너무나 열심히 하다 보니까 지연이가 내 배 속에서 거꾸로 앉은 거라. 내가 너무나 움직이니까 불편해가지고. 그래서 하마터면 지연이를 잃을 뻔했어요. 그때 당시는 의술이 발달된 것도 아니고 그래가지고 애가 거꾸로 나올 정도로 위험했었어요. 위험했었는데 다 그냥 살라는 운명을 지니고 났기 때문에 이미 배 안에서 나와 엄청 춤을 췄어요."

딸에게도 그런 엄마는 가장 큰 힘이다. 평생을 승전무만 생각하며 한길을 걸어온 엄마는 춤을 추는 딸에게 스승이자 삶의 원동력이다. 어느 누구보다 지지해주는 엄마, 우리나라 승전무의 대를 잇는 인간문화재 엄마는 그 존재만으로도 변 씨에게 너무나 큰 힘이 되어주고 있다.

"제가 어렸을 적에 서른 중반까지는 되게 엄마가 걱정을 많이 하셨어요. 무슨 짓을 하는가 여러 가지 문제점들을 많이 체크하셨는데 이제는 완전히 저를 믿으시나 봐요. 그래서 지금은 그냥 편안하게 봐주시기 때문에 저도 편안하게 춤출 수 있고 마음껏 춤출 수 있게 해주셔서 너무 감사드리죠. 그냥 어머니가 앉아 있는 것만으로도 저는 축복이죠." (엄옥자 선생의 딸 변지연 씨)

* 통영, 그리고 승전무

한려수도를 품에 안은 예인의 도시 통영, '동양의 나폴리'로 불리는 통영, 이순신 장군은 이곳에서 한산대첩을 통해 왜군을 크게 무찔렀다. 승전무

의 고향 통영은 이렇게 이순신 장군과 떼려야 뗄 수 없는 곳이다. 임진왜란 당시 병사들이 승리하고 개선했을 때, 출전 전 사기를 진작시키기 위해 추었던 것이 승전무인 만큼, 승전무라는 춤 역시 이순신 장군을 빼놓고 얘기할 수 없다. 그래서일까? 엄옥자 선생은 이순신 장군의 영혼이 깃들어 있는 통영 충렬사에 올 때면 늘 만감이 교차한다.

"장군님, 엄옥자 왔습니다. 장군님이 계셨기에 우리나라도 이렇게 건재하게 됐고 그리고 제가 장군님의 영혼을 받아 승전무를 발굴해서 장군님 앞에 해마다 헌무를 하고 있지 않습니까. 앞으로도 승전무가 세계적인 춤이 될 수 있도록 장군님께서 열심히 보살펴주십시오."

그녀의 기도 소리가 충렬사에 낭랑하게 전해진다. 승전무는 충무공을 위로하고 기리는 춤으로 통영에서 이어져왔다. 이제는 지역을 넘어 우리나라를 대표하는 춤이 되고, 세계로 뻗어나가는 춤이 되는 것이 엄옥자 선생의 간절한 소망이다.

승전무와 떼어놓을 수 없는 또 하나의 통영의 명소는 세병관이다. 세병관은 19세기 말까지 경상·전라·충청의 삼도수군을 총지휘했던 본부 건물로 바로 여기서 승전무를 춰서 우리 장병들의 승리를 기원하곤 했다. 즉 승전무의 시작지가 된 곳이다. 그녀는 이곳에 오면 늘 감개가 무량하다. 그 옛날 병사들을 위로하며 칼과 북을 휘둘러온 승전무 무희들처럼, 그 역시 이곳에서 칼을 빼어들고 화려한 율동으로 승전무의 탄생을 기린다.

통영의 곳곳은 이처럼 승전무와 연결되지 않은 곳이 없다. 통영의 바다와 산, 모든 것이 승전무의 모태가 되었다. 그녀에게 승전무를 가르쳐준

정순남 선생도 통영 한 야산에 잠들어 있다. 그런 통영을 엄 선생은 사랑
한다. 엄 선생도 통영에서 노년을 보내며 승전무를 체계적으로 정리하고
지역의 전통 춤 발굴도 해나갈 계획을 세우고 있다.
승전무의 고향, 평생을 승전무에 바친 엄 선생에게 통영은 다시 돌아가
야 할 곳이다. 세월이 흘러 서울에서나 볼 수 있던 케이블카가 통영에도
생겼지만 통영은 여전히 아름답고 화려한 승전무의 고장 그 자체다. 그
녀는 다시 그곳으로 돌아갈 날만 기다리고 있다.

★ 세계를 향하다
승전무는 우리 젊은 세대에게 낯익은 이름이 아닌 것은 분명하다. 때문
에 해외에서도 승전무를 제대로 한 번 보기조차 어렵다. 엄옥자 선생은

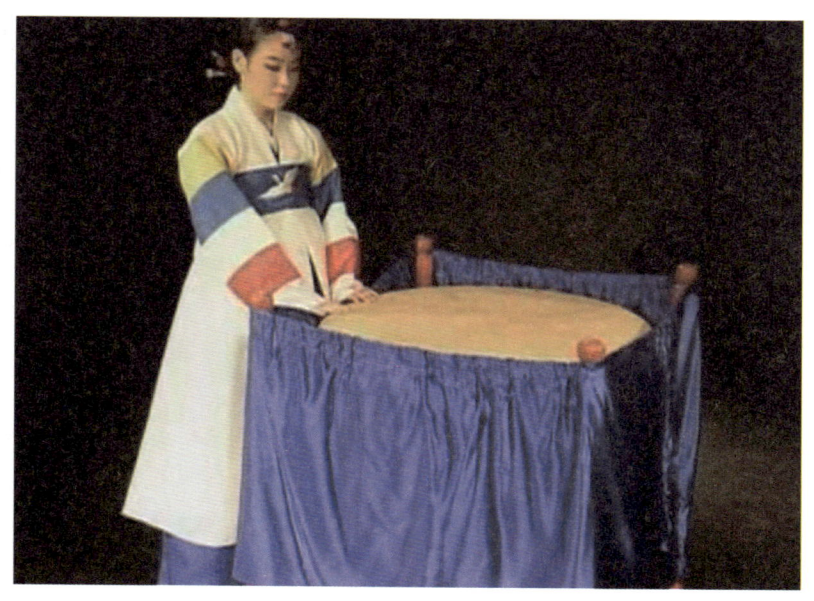

이 때문에 언제나 승전무의 세계화를 위해 고민해왔다. 승전무를 체계적으로 정리하고 싶은 욕심도 승전무의 대를 잇기 위해서일 뿐 아니라 승전무를 널리 퍼트려 많은 사람들이 승전무의 아름다움을 지켜볼 수 있게 하기 위함이다.

현재 엄옥자 선생은 지난 2009년부터 부산 연지동에 자리 잡은 국립 부산국악원에서 초대 예술감독으로 부임해 단원들을 지도하고 있다. 그는 또한 경남문화재위원으로 통영 지역의 춤, 배따라기를 복원하는 활동을 벌이고 있고, 살풀이춤 등 다양한 춤과 승전무의 접목, 창작 공연 활동을 벌이기도 한다. 승전무를 비롯한 남해안 지역의 전통문화의 발전적 방안을 강구하는 것도 그녀의 몫이다.

그녀는 전통 예술의 원형을 보전하면서도 새로운 형태의 춤극을 만드는

게 꿈이다. 그리고 이를 실현하기 위해 단원들에게 때로는 호랑이 선생
님 같은 모습으로 지도하기도 한다.

"적당히 익은 김치를 탁 걸쳐서 먹는 그런 맛이 나줘야 되는 거야. 남자들은
막걸리 한잔 먹고서는 거나하게 그냥 그런 분위기가 나야 되는데 너희는 그
냥 이거. 이거 안 돼. 내가 이제까지 해준 거 명심하면서 너희들이 한번 해본
다. 자, 시작."

그런 그녀와 그녀의 제자들이 제주도를 찾았다. 제주국제관악축제에 초
청을 받았기 때문이다. 제주에는 국악원이 없어 주민들이 국악을 접하기
쉽지 않다. 때문에 그들의 공연을 기대하는 제주도민들이 많다. 그러니

그들 앞에서 공연을 해야 하는 국악원 식구들의 마음이 긴장되는 것은 당연지사. 그러나 엄옥자 선생은 우선 공연장부터 둘러보고 음향–조명 아무것도 없는 상태에서 우선 국악원 단원들을 무대 위에 올려 보낸다. 단원 한 명 한 명의 호흡을 조정하며 완벽한 무대를 꾸미기 위해 노력하는 엄 선생.

"하나 둘 세엣 네엣. 하나 둘 세엣 네엣 호흡. 힘 다 빼고. 또 끄덕한다. 너는 그냥 이 마디 안 꺾으면 춤이 안 되네. 그냥 탁 걸쳐. 걸치고 그대로 호흡으로 걸쳐서 그냥 이렇게 갈 일이지. 딱 뛴다. 그러면 춤이 안 된다. 하나 가만 호흡으로 내려앉고 덩기덕 쿵덕. 얼마나 멋있니, 그렇게 하니까."

이날 치러진 제주 공연에는 유난히 외국인 관광객이 많았다. 드디어 승전무 공연이 시작되자 화려한 북춤이 우선 외국인들의 시선을 사로잡는다. 엄옥자 선생의 지도대로 팔을 뻗고 다리를 내딛는 단원들, 본래 승전무는 4명이 추는 춤이었으나 엄옥자 선생은 이를 재해석하여 8명이 한 번에 춤을 추는 형태로 탈바꿈시켰다. 화려한 동작과 절제된 동작이 승전무의 포인트, 그 화려한 무대가 끝이 나자 외국인의 탄성과 박수가 절로 쏟아진다.

이어 외국 사람들에게 낯익은 부채춤이 제주 공연에서 펼쳐졌다. 이 부채춤은 엄옥자 선생의 대학 스승인 김백봉 선생께서 처음 창작한 작품이다. 외국인들이 많이 아는 작품인 만큼 호응도가 절정에 이른다. 부채의 군무가 나비가 되고 꽃이 되며, 곡선의 한국미를 담고 있다. 외국인들 및

관객들이 일어나 박수를 치며 환호한다.

이를 바라보는 엄옥자 선생. 엄 선생은 외국인들이 우리의 전통문화에 환호를 보내는 모습을 보며 마음 한켠에서 뿌듯함을 느낀다. 엄 선생은 예술로 분류되는 러시아의 발레나 댄스스포츠로 분류되는 라틴 댄스처럼 우리의 전통 춤도 이제 세계적인 무대에서 많은 이들이 함께 즐길 수 있는 일이 오지 않을까 생각한다. 그리고 어렴풋이 그럴 날이 멀지 않았음을, 그녀는 느낀다.

제주 공연을 마치고 저녁을 먹으러 가는 길, 그녀는 수고한 단원들을 위해 칭찬과 격려를 아끼지 않는다. 물론 이날 공연에서 아쉬웠던 점에 대해서도 한 명 한 명에게 지적하기도 한다. 그녀는 이렇게 꼼꼼함을 드러내지만, 정작 무대를 내려오면 호랑이 선생이 아닌 자상한 엄마이자 친구로 돌아오기도 한다. 그녀는 단원들과 저녁 식사를 하며 허심탄회하게 춤에 대한 사담도 나누고 그동안 못다 한 이야기도 나눈다. 그리고 단원들의 저녁 식사를 꼼꼼히 챙기는 그녀는 단원들에게 하늘 같은 스승이면서도 친구 같은, 언니 같은, 그래서 존경받는 사람이기도 하다.

★ 열정, 멈추지 않는 춤에 대한 사랑

그녀는 언제나 승전무를 입에 달고 산다. 제자와 바람이라도 쐬러 나가도 그녀의 입에서는 언제나 승전무라는 말이 떨어지지 않는다. 그만큼 승전무는 그녀의 친구이자 연인이며, 부모이자 자식 같은 존재인가 보다. 그래서일까? 언제 어디서나 기회가 닿으면 그녀는 승전무를 춘다. 그러한 승전무는 그녀에게는 하나의 '업'인가 보다. 제자들에게도 그러한 업을 받아들여야 승전무가 올바로 전승될 수 있다는 점을, 그녀는 늘 강조한다.

"팔자에 내가 꼭 승전무를 해야 되겠다 이런 사람이라야지 영원하지. 중간에 그냥 잠깐 들어왔다 나갔다 하면 공부가 안 되는 거야. 그건 예인으로서는 절대 그렇게 해서는 안 되는 거야."

그러한 선생 앞에서 제자들도 승전무에 대한 애정이 높아져만 간다. 제자들은 엄 선생을 존경하며 그녀가 사랑하는 승전무를 받아들인다. 승전무를 전승받고 있는 그녀의 제자인 김윤옥 씨도 마찬가지다.
그리고 그녀는 이제 승전무의 대를 이어줄 제자를 키우는 것을 마지막 목표 중 하나로 삼고 있다. 스물여섯, 운명처럼 승전무를 발굴하고 지금까지 지켜온 엄옥자 선생은 승전무의 대를 끊지 않기 위해 제자들을 양성하고 있다. 그리고 그녀의 마지막 바람을 제자들은 마음속 깊이 이해하고 있다. 그녀의 제자인 김윤옥 씨도 마찬가지다.

"선생님하고 춤을 추게 되니까 저도 지금 너무 감격스럽습니다. 가슴이 벅찰 정도로. 너무 감사하고요. 제가 승전무를 꼭 지켜야겠다는 마음은 가지고 있었지만 오늘은 더 깊이 새겨지면서 꼭 이 춤을 제가 선생님 뜻에 따라서 끝까지 춰야 되겠다는 생각이 더 간절하게 듭니다." (엄옥자 선생의 제자 김윤옥 씨)

전통 춤은 어렵고 재미없다는 사람들의 인식 속에서 뒤안길로 밀려나고 있다. 제자들은 이러한 상황 속에서 승전무를 계승 발전시키기 위해 노력하고자 하는 그녀와 그런 그녀가 자신들에게 하는 당부에 점차 애틋함을 느끼곤 한다. 승전무를 이어가야 한다는 굳은 사명감. 엄옥자 선생은 그 사명감을 지켜나가기 위해 열정을 다하곤 했음을 제자들도 충분히 알고 있다.
다시 제주도 공연을 끝마치고 돌아가는 날, 엄옥자 선생이 근처 수목원을 잠시 짬을 내 찾는다. 시원한 물 한 바가지로 목을 축이는 엄옥자, 그 달콤한 맛과 아름다운 주변 풍광은 다시 그를 춤으로 이끈다. 푸른 자연 속에 절로 춤이 나오는 엄옥자.

"삼림욕을 즐기러 여기를 추천을 받아서 왔는데 너무 아름답고 정말 멋있게 뻗은 이 모습이 너무나 마음에 들고 좋아요. 좋아서 한바탕 춤이 덩실덩실 어깨춤이 덩실덩실 추어지는 그런 분위기예요."

선생의 이 같은 행위는 그야말로 승전무 그 자체를 사랑하고 아끼며, 즐기지 않는다면 나올 수 없는 행위일 것이다. 엄옥자 선생은 그렇게 평생 동안 승전무와 춤을 사랑하고 아껴왔다. 그런 그녀를 바라보는 주변 사람들조차 그녀의 열정에는 혀를 내두르기 마련이다.

"아마 다시 태어나신다 해도 또다시 우리 춤에 대한 애정을 변함없이 가지실 것이고, 누구도 따라갈 수 없는 춤에 대한 열정과 사랑 등이 제가 만난 선생님들 중에서도 아주 각별하시다고 생각을 합니다."(엄옥자 선생의 제자 김미숙 씨)

"어머니의 춤에 대한 열정이 너무 강하셔서 때로는 제가 같이 같은 길을 가

고 있는데도 질릴 만큼 열정이 강하십니다. 하지만 그것 또한 제게 주신 축복이라고 생각합니다. 이 나이가 되시도록 이렇게 건강하시고 훌륭하게 춤의 길을 걷고 계신 어머니를 보면 그냥 바라만 봐도 행복합니다."(엄옥자 선생의 딸 변지연 씨)

스물여섯의 나이에 최연소 인간문화재가 되었던 통영의 춤꾼, 승전무를 발굴하고 계승하는 것은 자신의 운명이었다고 믿는 사람, 선조들의 숨결을 예술의 혼으로 간직하며 미지의 시간을 스스로의 삶으로 오롯이 이어온 엄옥자 선생, 그녀는 분명 이 시대의 예인임이 분명하다.

★ 새로운 도전, 멈추지 않는 춤의 의지

춤이 없는 삶은 살 수 없다는 엄옥자 선생, 최근 그의 열정은 승전무를 넘어 자신의 춤을 만드는 데까지 이르렀다. 춤의 이름은 자신의 호를 딴 '원향 살풀이춤', 이 춤 역시 명무의 반열에 올라섰다는 데 그 누구도 이견을 달지 못한다. 그녀는 이 춤을 자신의 딸과 제자들에게도 전수 중이다.

그녀는 장고를 치며 제자들에게 원향 살풀이춤을 전수해간다. 춤사위 하나하나를 보는 눈이 매섭고 예리하다. 그녀는 제자들의 춤을 유심히 살펴보며 그녀들에게 지도를 해주고 있다. 전통 승전무와 함께 자신의 춤까지 창작하고 발표하면서 진정한 춤꾼으로 살고 있는 엄옥자 선생, 누군가 춤은 인생을 노래하는 행위라고 했던가?

그녀는 지금 누구보다 뜨거운 인생을 노래하기 위해 춤을 췄고 앞으로도 영원히 춤을 출 것이다. 그녀의 새로운 도전은, 결코 멈추지 않는다.

Q. 부모님께서는 가업을 잇기 위해 약대 진학을 원했다고 하던데, 어떻게 원하는 방향으로 가실 수 있었나요?

부모님이 원하셨던 대로 약대에 합격을 했었어요. 하지만 부모님께 보여드리진 않았죠. 합격증을 제가 직접 받아 찢어 없애버렸어요. 부모님이 약대 합격 사실을 알면 어떻게든 입학을 시키셨을 거예요. 그래서 제가 선수를 친 거죠. 당시 경희대 체육과도 합격을 했었거든요. 부모님께 체대 합격 사실을 알렸죠. 그 덕에 체대 입학을 허락하셨습니다. 그리고 김백봉 선생의 춤을 배우게 됐습니다. 격조 있고, 품위 있는….

Q. 승전무를 어떻게 시작하시게 된 건가요?

통영여고 교사 시절, 당시 영남 지역 문단을 이끄셨던 이민기 선생님께서 승전무에 대한 말씀을 하셨습니다. '이순신 장군 기념행사의 군대 행

렬 때 검무 의상에 머리에 전립을 쓴 8선녀 행색의 기녀가 따라가는데, 그 기녀들이 추었던 춤을 연구하라'고 하셨어요. 그때는 기생춤을 하라고 하시니 걱정을 했어요. 크게 생각도 안 했죠. 그런데 이민기 선생님은 아니셨어요. 결국 당시 예기를 수소문해 정순남 선생님을 찾았고, 그를 통해 배울 수 있었습니다. 역사적인 춤을 발굴할 수 있는 기회를 맞게 된 것이지요. 그리고 결국 1966년 승전무를 재현하게 된 것입니다. 이후 임신 이후에도 계속 승전무를 재현하다 보니 애가 거꾸로 들어서기도 했습니다. 하지만 결국 아이를 포기하지 않았고, 딸을 낳았지요.

Q. 선생님은 한평생을 춤을 춰오시면서 어떤 마음을 가지고 계셨나요?

내 영혼을 바쳐 생명의 춤을 추고 또 추었습니다. 앞으로 남은 인생 역시 우리의 춤을 한 단계 더 높은 차원으로 끌어올릴 수 있는 일에 제 평생을

바치고 싶습니다. 지금까지 춤만 생각하며 살아왔듯, 앞으로도 살고 싶습니다.

Q. 우리 춤의 매력과 앞으로의 과제가 있다면.

우리 춤의 매력은 은은한 향기와 같다는 것입니다. 자극적이지 않습니다. 섬세한 동작과 높은 세련미가 그 특징이라 할 수 있지요. 아울러 우리의 춤이 더 알려지고 그 매력을 제대로 발산하기 위해서는 전통 춤의 뿌리를 손상하지 않는 선에서 변하는 시대에 맞게 창조적 재구성을 해야 합니다. 전통 춤의 본질과 기교의 정확성에 방점을 두고, 우리만의 매력, 우리만의 개성, 우리만의 성격, 우리만의 향기를 춤에 삽입해야죠. 그럴 때에 우리 춤은 더욱 발전할 것이고, 세계에 우리 춤의 우수성을 더욱 쉽고, 널리 알릴 수 있을 것입니다.

나에게 이 길은 …

소목장 박명배
"나무가 휘고자, 뒤틀리고자 하는 습성을 거스르지 말고 순응해서 해야 합니다"

나무를 만난다는 게 참 인연인 것 같습니다. 좋은 나무를 만난다는 건 더 더욱 큰 인연인 것 같아요. 소목에서는 결코 서두를 수 없어요. 천천히… 느림의 미학이라는 말이 적합할 것 같습니다. 나무가 가지고 있는 휘고 자, 뒤틀리고자 하는 습성을 거스르지 말고 이것에 순응해서 작업을 하 다 보니 자연스럽게 시간이 걸리죠.

멋

천년살이, 나무의 영혼을 담다,
소목장 박명배

숲은 온통 푸른 침묵에 잠겨 있다. 나무가 뿜어내는 맹렬한 적막….

거기엔 쉬이 들리지 않고, 함부로 보이지 않는 나무의 아득한 생애가 있다.

그리고 질박한 나무의 생애를 어루만지는 섬세한 손길의 그가 있다. 소목장 박명배.

나무가 제 나이테 속에 묻어둔 이야기….

햇빛과 바람, 눈과 비, 고통과 기쁨을 온몸으로 읽어내며 그는 나무와 선연한 대화를 나눈다.

온 마음으로, 길고 긴 천년의 숨을 나눈다.

충남 홍성. 소목장 박명배의 고향이다. 그는 열여덟에 나무와 첫 인연을
맺었다. 남다른 재주와 견실함으로 입문한 지 불과 10여 년 만에 소목으
로 독립. 이후, 40대의 젊은 나이에 '동아공예대전'과 '대한민국 전승공예
대전'을 석권하며 모두가 인정하는 장인의 입지에 올랐다.

그리고 지난 2010년, 그는 중요무형문화재 제55호 소목장이 됐다. 열여
덟 앳된 청춘이 성근 백발의 소목 명장이 될 때까지 긴 세월 동안 그는
한 번도 손에서 연장을 내려놓은 적이 없다.

나무가 매년 굵어진 나이테에 제 삶을 기록하듯, 그는 전통 목가구에 지
난 삶을 오롯이 새겨 넣었다.

제자들에게 스승을 소개하는 소목장 박명배의 마음은 뜬구름에 실려 있다. 캐나다에서 활동 중인 세계적인 공예가 최회권 선생. 박명배의 열여덟 살에 만난 첫 스승이다. 박명배는 언제고 한 번 이런 기회를 갖고 싶었다. 창작의 즐거움과 공예에 대한 안목을 길러줬던 첫 스승과 자신의 뒤를 따라 목가구에 열중하는 〈목야회〉 제자들이 함께하는 자리….

그래서 감회가 남다르다. 42년 전, 당시 서라벌 예대 교수였던 최회권 선생의 '공예미술연구소'에 취직을 하며 박명배 소목장은 나무와 첫 인연을 맺었다.

"전통 공예를 하라고 하지 않았어요. 그런 걸 가르쳐준 적도 없습니다. 공예… 창작하는 사람들의 자세… 잘 배우고 잘 연구하는 사람… 얼마나 좋은

일이에요." (최회권 선생)

최회권 선생은 제자 박명배 소목장의 작품을 보며 애정의 시선을 보낸다. 그리고 그 속엔 날카로움도 있다. 그것은 지난 세월, 서로가 어떤 생각으로 어떻게 살아왔는지에 대한 안부이며 같은 길을 가는 동지로서의 지지다. 이렇게 두 사람은 상서로운 인연의 끈을 오래 이어간다. 제자는 손수 만든 편지꽂이로 스승에 대한 마음을 표현한다.

나무와의 첫 인연이 스승이었다면 소목장 박명배의 마지막 인연은 제자가 되길 희망하고 있다. 그것은 하나의 바람이기도 하며, 현실이기도 하다.

일주일에 세 번, 그는 〈목야회〉에서 다양한 제자들과 만난다. 평범한 주부에서부터 의사, 디자이너, 사업가도 있다. 이들은 오늘도 여전히 나무에 푹 빠져 있다.

처음엔 2명으로 시작했던 소목 수업이다. 이제는 몇 년을 기다려야만 수강할 수 있다. 배출한 수강생도 많다. 우리 목가구를 스스로 만들 수 있다는 그 매력에 42년 전 박명배가 그랬던 수많은 사람이 나무를 만지고 있다.

*단아한 아름다움

수런거리던 봄날의 오후. 인사동 한 미술관에서 봄볕처럼 아른한 나무 향이 풍겨난다. 평생을 나무와 벗하며 함께 살아온 소목장 박명배… 우

리 고유의 전통 목가구를 만들어온 그와 그의 제자들로 구성된 〈목야회〉가 전통 목가구의 소박하고 단아한 아름다움을 알리기 위해 한 해 두 해… 작게 열었던 자리가 이제 여섯 번째다.

전시장을 찾은 주한 일본 대사의 눈길은 박명배의 담박한 솜씨에 붙들렸다.

"가구라는 것은 한국 전통문화를 그대로 나타낸 것이기도 하고, 굉장히 아름답기 때문에 보고 있으면 기분이 참 좋습니다."(무토 마사토시 / 주한 일본 대사)

나이테가 촘촘해질수록 우리 목가구를 보고 대하는 눈길들도 한층 깊고 따뜻해진다. 역시, 추운 시절의 나이테가 옹골진 것처럼 처음의 그 서투

름과 인내를 이겨낸 이들의 시선엔 깊이가 생겼다.

미국 서부 최대 미술관인 '라크마'. 유럽, 아시아, 중동 등 다양한 전시실을 갖춘 이곳은 독자적인 한국관을 운영할 정도로 한국 미술에 큰 관심을 가지고 있다. 소목장 박명배는 2011년 5월 '라크마' 미술관 측의 특별 초청을 받았다. 낯선 땅에서 펼쳐지는 한국의 전통 목가구 시연회. 이제껏 유례가 없던 귀한 자리다.

장인의 섬세한 손끝에 모여드는 관심과 호기심. 박명배는 사랑방 가구 중 단순미가 으뜸인 사방탁자를 만들었다. 못을 전혀 쓰지 않는 짜 맞춤 기법으로 훤칠한 사방탁자가 완성되자, 지켜보던 관객들 사이로 일순 감탄이 터져 나온다.

"우리 전통 목가구가 단순간결하고 멋스러워요. 한 마디로 단아하다는 표현을 쓰는데 이런 가구는 미국 사람들에게 새롭게 와 닿겠죠. 라크마에서 단시간에 탁자 하나를 완성했습니다. 사방탁자는 비교적 심플하면서 옛날 전통 가구죠. 여기에 현대의 생활, 현대의 시각에도 잘 어울리는 게 우리의 전통 가구라는 게 사방탁자를 통해 드러나는 겁니다. 그래서 외국인들도 관심을 갖는 게 아닌가 싶습니다."

＊ 하늘이 준 용목을 찾아

충남 깊숙한 오지 마을. 400여 년 마을을 지켜온 느티나무가 고사했다는 기별이 왔다. 목재 상인에게 전화를 받고 행여 다른 이에게 뒤질세라 한

걸음에 달려온 소목장 박명배.

아무리 고사목이 귀하다 해도 서 있는 나무에 큰돈 대는 건 다들 무모하다 말한다. 한 길 나무속을… 아무도 장담할 수 없기 때문이다.

현장에는 나무를 무사히 땅에 앉히는 작업이 한창이다. 바람 한 켜에도 목재가 상할까 온 신경을 세우고 애지중지하고 있다. 무사히 땅에 앉힌 나무. 이제 그 나무속을 들여다볼 차례다.

다행이다. 나무는 아직 청춘이다. 비록 고사목이라 해도 나무엔 늘 '생'과 '사'가 공존하기 마련이다. 수분이 날아가지 않게 재빨리 숨구멍을 다독이면 현장 작업은 끝이 난다.

"나무를 만난다는 게 참 인연인 것 같습니다. 좋은 나무를 만난다는 건 더

더욱 큰 인연인 것 같아요. 제가 나무를 작업해보니, 서 있는 나무를 작업하는 것이 좋습니다. 하지만 '이런 정도면 좋다'라고 생각할 수 있는 확률이 채 20%가 안 나와요. 열 그루 베면 두 그루가 채 안 나옵니다."

나무는 며칠 후 금산에서 김포제재소까지 업어 왔다. 이제 쓰임에 맞게 나무를 재단하는 일이 기다리고 있다. 이미 소목장 박명배의 머릿속엔 완성된 목가구가 버젓이 들어 있다. 나무를 처음 본 순간, 이미 그려놓은 그림이다.

문제는 용목이다. 하늘이 내려준 최고의 무늬가 여기서 나타나주기만 하면 된다. 박명배의 마음은 초조하다.

희비가 교차하는 순간… 물결치듯 뒤틀린 나무의 얼굴이 드러난다. 박명배가 기다리던 용목이다. 소목장들 사이에서 최고로 칭송받는 '용목'은 오랜 세월 풍상을 겪은 느티나무의 밑동에서 많이 나온다. 고통과 견딤이 클수록 무늬가 아름답고, 쓰임이 많은 법이다.

박명배의 얼굴에 미소가 끊이지 않는다. 무늬를 만지고 또 만진다. 그는 이 순간, 훌륭한 재료에 걸맞은 최고의 명품을… 다시 한 번 머릿속에 그려 넣는다. 생명을 내어준 나무에게 면목이 서는 일을 해야 하는 게 장인이라고… 그는 말한다.

어렵게 얻은 '용목'이 작품으로 태어나기 위해선 반드시 거쳐야 할 곳이 있다. 박명배 소목장의 공방이다. 나무는 전부 이곳으로 옮겨진다. 숙성과 건조의 과정은 빼놓을 수 없다. 마치 너른 곳간에 곡식을 쟁여놓듯 박명배 소목장의 공방에 정연하게 쌓아 올린 나무들…. 박명배에겐 금지옥

엽… 전부 자식 같은 나무들이다.

그는 매일 나무의 상태를 꼼꼼히 살피고 안부를 묻는다. 그게 그의 일상이다. 단 하루도 빼먹은 적이 없다. 쓰다듬고 또 쓰다듬는다. 어린 자식을 쓰다듬듯.

＊기다림 그 후, 천상의 솜씨

나무들은 여름엔 수분이 늘어 팽창한다. 겨울엔 수분이 빠져나가 줄어든다. 야외에서 3년, 실내에서 4년의 건조 과정을 거치며 늘고 줄고를 반복해야, 가구를 만들었을 때 나무가 휘거나 뒤틀리지 않는다.

시간이 오랠수록 무늬도 깊어지고, 나무는 어엿한 목재로 다져진다.

"나뭇결이 곧은 것이 아니고 용 모양처럼 뒤틀린 현상이어야 합니다. 어떤 무늬가 좋다기보다는, 큰 무늬를 필요로 하는 곳의 가구를 만들어야 잘 어울리겠지요."

나무는 실로 변화무쌍하다. 같은 나무라도 생장 조건에 따라 색과 강도, 무늬의 결이 다르다. 이런 나무의 이치를 이해하고 능히 다룰 줄 아는 이를 만났을 때 나무는 비로소 하나의 작품으로 탄생하게 된다.

"소목에서는 결코 서두를 수가 없어요. 천천히…. 느림의 미학이라는 말이 적합할 것 같습니다. 나무가 가지고 있는 휘고자, 뒤틀리고자 하는 습성을 거스르지 말고 이것에 순응해서 작업을 하다 보니 자연스럽게 시간이 걸리죠. '무엇을 만들겠다' 하는 것도… 여름엔 고온다습하면 못하잖아요. 그럼 가을까지 기다리고, 이렇게 기다리는 시간이 상당합니다."

나무를 공방에 들인 후… 계절이 일곱 바퀴를 훌쩍 넘는 동안에도 그는 늘… 제자리에서 나무를 살펴봤다. 그리고 7년째 가을이 되자 그는 먹줄을 잡았다.

오랜 기다림 내내 머릿속에서만 그려오던 작품을 이제, 손끝으로 불러올 차례다. 엄선된 나무 못지않게 박명배 소목장이 중요하게 여기는 것은 손에 익은 도구들… 제각각 쓰임에 따라 그 종류도 수십 가지다. 모두 전통 방식으로 그가 직접 만든 것들이다.

수년 동안, 숙성과 건조 과정을 거친 나무는 야무지면서도 부드럽다. 색은 그윽하고 무늬는 깊어진다. 마치 사계절의 햇빛과 바람에 푹 절여진

것만 같다. 박명배의 애정이 고스란히 담긴 것이다.

"나무를 베어 말린 뒤 가구를 만듭니다. '말린다'는 차원은 목재 속에 함유하고 있는 수분을 증발시키는 것으로, 자연이 됐건 인공이 됐건 증발시키면 그건 건조목이라고 합니다. 건조목이 서서히 수십 년을 두고 실내와 실외 과정을 거치게 되는 거죠. 팔만대장경과 같은 원리입니다. 바다에 몇 년, 땅에 몇 년, 뭐 이런 과정을 거쳐서 만드는 것과 그런 과정을 생략한 공예품에는 분명한 차이가 있습니다."

★ 기다림 뒤 완벽함
인위적인 방법을 쓰지 않고 자연의 순리 그대로를 목가구에 담아내려는 박명배 소목장. 하지만 꼭 한 가지… 나뭇결을 살리는 일만큼은 예외다.

불에 달궈진 인두로 오동나무를 지지는 '낙동'. 고도의 기술과 숙련을 요하는 까다로운 작업이다. 이 기법은 옛 선비들의 곧은 품성과 어울려 예부터 사랑방 가구에 많이 쓰였다.

나무와 불. 결코 어울릴 수 없는 상극을 다스려 나뭇결 위에 비벼내는 그의 낙동 실력은 가히 최고로 꼽힌다.

봄과 여름에 자란 부분은 조직이 물러서 쉽게 타고, 가을과 겨울에 촘촘히 자란 부분은 잘 타지 않는다.

인두질을 마친 후, 볏짚으로 재를 살살 떨어내면, 많이 탄 부분과 적게 탄 부분이 구별된다. 입체적인 나뭇결로 살아나는 것이다.

지난 1992년, '대한민국 전승공예대전'에서 그가 최고 영예인 대통령상을 안은 것도 바로, 이 기법 덕분이다. 오동나무가 아닌 소나무를 인두로

지진 '낙송'은 목가구에 멋진 산수화 한 폭을 담았다.

"옛것을 재현, 복원한다는 것에 관심이 많았어요. 옛날부터 전해오는 기법, 낙동 기법을 적용한다든가, 이를 실생활에 적용할 수 있는 방안을 고심했죠. 목가구에 담겨 있는 그런 미적인 것들을… 그 결과 나름대로 옛날에 보이지 않던 것들이 보이더라고요."

완벽함이란… 더할 것이 없는 게 아니라 더 이상 뺄 것이 없는 상태라 했다. 군더더기 없는 단순미와 간결함. 그 안에 흐르는 호방한 격조에선 조선 시대 선비들의 절개와 지조가 느껴진다.
나무를 처음 본 순간부터 어떤 작품을 만들 것인지, 직감이 선다는 소목

장 박명배.

나무가 목재로 거듭나기 위해 거치는 7년여의 시간 동안, 그는 매일 나무를 수도 없이 바라보며 생각 속에서 대패와 끌, 망치를… 또, 수도 없이 들었다 놓았다.

그리고 마침내. 기다림의 시간이 끝났을 때 천상의 솜씨로 빈틈없는 작품을 만들었다. 고아한 깊이를 내뿜은 용목. 마치 긴 강이 흐르듯, 하나에서 하나로 이어진다. 기막힌 이 물결 역시, 나무를 맨 처음 봤을 때 그가 그리 계획해놓은 것이다. 결코 소란스럽지 않은 선과 면의 비례. 오종종히 박힌 나무의 물방울무늬는 그 비례 안에서도 정확히 대칭을 이루고 있다.

"박명배 소목장의 작품이 참 좋다고 하는데 구체적으로 뜯어보면 남들과의

가장 큰 차이는 나무를 정말 잘 쓰는 것 같습니다. 어디에 어떤 나무가 어떤 결로 쓰여야 하는지를 거의 반사적으로 감각적으로 판단하는 능력… 이것 또한 안목과 결부된 판단력인데요. 그 부분에 있어서는 타의 추종을 불허하죠. 전통이라고 해서 선생님한테 배운 것을 그 형태로만 고수한다면 한 발짝도 진전이 없겠죠. 전통도 완벽하게 소화하고 또 그 기반 위에서 현대적으로 사람들이 접할 수 있게 합리적인 제작의 과정을 창안해내는 이런 지혜를 발휘하는 것도 그분의 장점이라고 할 수 있습니다."(고부자 문화재 위원)

*1mm의 차이를 살피는 심미안
일 년 중, 작업에 몰두하는 가을 겨울을 제외하고, 그는 대부분의 시간을 설계실에서 보낸다. 주된 일과는 직접 만들 목가구의 도안을 그리는 일.

처음엔 4분의 1 축척의 전체 개요도를 그리고 다음으론, 모눈종이에 1㎜까지 세세하게 일대일 실측 도면을 그린다.

치밀한 습관이다. 이는 스승인 최순우 전 국립박물관장에게서 온 것이다. 젊은 시절 우연히 맺은 사제의 인연. 스승은 늘 전통 가구의 아름다움은 비례에서 온다고 강조했다. 그 고아한 가르침의 눈으로 그는 매일 도면을 보고 또 본다.

"우리 목가구는 선의 미학입니다. 면을 분할해서 선으로 표현하는 방식이기 때문에 1㎜도 결코 무시해서는 안 됩니다. 매우 중요하죠. 아무리 큰 가구라도 1:1 도면으로 해서 세워놓고 보고 또 봐야 합니다."

박명배 소목장의 꼼꼼함은 '장석' 작업에서도 고스란히 드러난다. 목가구

에 쓰일 '장석'까지 직접 디자인하는 박명배 소목장. 모양에서부터 치수와 재질, 전체적인 분위기까지 꼼꼼히 주문한다. 이에 두석장 박문열 씨와 인연은 30여 년간 이어지고 있다. 장인의 고집으로 묶인 세월이다.

"대강 스케치해서 만들어달라 하면 못 만들어요. 박 선생은 1:1 몇 미리까지 정확하게 직접 디자인을 해 오시기 때문에 두석장의 역할이 편해질 수밖에 없습니다. 소목장과 두석장과는 바늘과 실 같은 관계다 이렇게 보시면 돼요."(박문열 두석장)

★ 완벽한 비례

장석은 철이나 황동, 백동, 오동 등 재료와 문양이 다양하다. 절제미를 중시했던 조선 목가구에서도 장석만큼은 유난히 치장이 많았다. 그만큼 장석은 전체적인 맛을 살려주는, '목가구의 얼굴'이라고도 할 수 있다.

박명배 소목장은 주로 황동과 오동을 사용해, 은은한 나뭇결에 깊고 따뜻한 느낌을 얹어준다. 물론 장석에서도 비례가 중요하다. 그는 제자들에게 조언을 할 때도 그걸 잊지 않는다.

완성된 작품을 대했을 때, 첫눈에 안겨드는 균형과 비례… 그는 제자의 작품을 평할 때도 늘 기술보다는 직감과 안목을 기르는 일을 강조한다.

"이목구비라고 하죠? 눈과 눈의 거리가 너무 멀거나 또는 너무 가까우면 안정감이 조금 떨어지잖아요. 그처럼 흰색, 노란색, 흰색, 노란색 등으로 이렇게 무지개처럼 시선을 너무 나눠놓거나 장석 역시 이렇게 나눠지면 전체적으로 구분돼 보일 수밖에 없어요. 안정감, 짜임새가 있다기보다는 뭔가 분산됐다는 느낌이 들게 되잖아요."

때문에 박명배 소목장은 제자들의 품평에서도 가구의 비례에 대한 조언을 빠뜨리지 않는다. 완벽한 비례를 위해선 한 치의 오차도 없는 정교한 작업이 이루어져야 한다. 단 하나의 못도 사용하지 않고 오로지 짜 맞춤으로만 만들어지는 전통 목가구. 머리카락 한 올, 1mm의 틈도 허락지 않는다.

'결구'라고 불리는 '짜 맞춤'에는 여러 가지 방법이 있다. 우리의 전통 목가구엔 무려 100여 개가 넘는 '결구법'이 있다. 때에 따라 천연접착제인

'아교'를 결구에 발라 사용하기도 한다. 접착제가 들어간 공간만큼 압력을 가해 수치와 각도를 다시금 정확히 맞춘다.

이렇게 치밀한 짜임과 이음을 반복한 목가구는 높은 습도나 온도에서도 마치 하나의 생명체처럼 함께 늘고, 함께 줄어든다. 그것이 못을 쓰는 서양 가구와 구별되는 우리 목가구만의 특징이다. 정교함이 생명인 전통 목가구는 시간이 오래 흘러도 한 치의 뒤틀림이나 갈라짐이 없어 대를 물려 쓸 수 있다.

고부자 문화재위원은 30년 전, 박명배 소목장의 옹골찬 솜씨에 반해 큰 맘 먹고 할부로 목가구를 구입했다. 만지면 만질수록 정이 가고 오래돼도 권태가 없어, 아직도 한정 없는 호사를 누리고 있다.

"연탄불을 때는 곳, 난방이 되는 곳에서도 전혀 뒤틀림이 없습니다. 지금도 제가 여닫으면서도 한 치의 뒤틀림이 없어요. 정말 선생님 작품은 어디 하나 흠 잡을 데가 없습니다. 연대를 파악할 수 있는 좋은 자료라고 생각하고 항상 잘 간직하고 있습니다."(고부자 문화재위원)

오늘도 박명배는 대물림의 가구를, 문화의 원형을 계속해 실존하는 삶의 중심에서 함께 호흡할 수 있는 가구를 만들어가고 있다.

★ 대를 이은 우리 가구
그윽한 나무 향이 코끝을 당긴다. 슬금슬금 톱질 소리에 실려 톱밥도 날린다. 이렇게 목가구에 박명배의 손때가 묻어간다.

소목장 박명배의 공방엔 7명의 전수교육생이 있다. '손에 익은 도구가 없다면 제대로 된 작품도 나올 수 없다'고 말하는 박명배 소목장. 그는 오늘도 수없이 담금질을 반복하며 호되게 제자들을 가르치고 있다. 그리고 이렇게 배운 것들이 제자들의 몸속에 감각과 안목으로 녹아들길 그는 바라고 있다. 가르친다는 것은 배운다는 것과 다름 아님을 그는 알고 있다.

전승은 박명배 소목장의 과제이자 업적이 되고 있다. 무형문화재가 온실 속에 갇히고 박물관에 전시되는 것이 아닌, 이 땅의 현재의 문화, 미래의 문화를 이어가는 튼튼한 줄기가 되도록 하는 것. 현실에 살아 숨 쉬도록 하는 것. 그것이 박명배 소목장의 역할이다.

그는 늘 따뜻하고 선한 계절은 서둘러 보내고, 모질고 차가운 계절을 기

다렸다. 그래야 습기가 바짝 마른 단단해진 나무들로 그렇게 오래도록
기다려왔던 전통 목가구를 만들 수 있기 때문이다. 손때 묻은 연장 하나
를 들고 또, 쓸 때마다 천년살이, 나무 한 그루를 심는 마음으로 진심을
다했다.

어쩌면 '소목장'이란… 평생을 그가 고수해온 하나의 직업이 아니라, 한
없는 마음으로 전통 목가구만을 바라고 위하며 살아온, 그의 삶의 방식
일 것이다. 자연이 알려준 선과 면을 작품 속에 오롯이 담아내려 한, 성
실한 장인의 흔적.

생명의 윤택함을 머금은 강물은 먼 세월 어디에선가 밀려와 여전히 그

곳에서 흐르고, 자연을 품에 안은 거대한 산맥은 아득한 심연처럼 번져와 그곳에서 출렁인다.

"나무는 저의 그 자체입니다. 길을 같이 가면서 항상 대화하는 존재입니다. 나무가 내게 무슨 말을 어떻게 하는지 나무가 들려주는 대로, 나무와 같이 살면서 같이 호흡하면서 인생을 살아가야 할 듯합니다."

소목장 박명배. 아무도 들을 수 없고, 아무나 만질 수 없는 나무의 숨결을 그는 매일 다독이며, 긴 세월을 약속한다. 쉼 없이 강물이 흐르고 산맥이 출렁이는 그곳을, 그는 알고 있다.

1문 1답

Q. 선생님께 나무는 삶의 전부인 것 같습니다.

나무가 있음으로 인해 제가 있는 거나 마찬가지예요. 분명 나무가 제게 준 것이 많지요. 나무는 내 길이고, 생활입니다. 난 나무 없으면 할 게 없어요. 그래서 나무만 붙잡고 살아왔습니다.

Q. 전통 가구를 만드시는 데 선생님만의 정신이나 가치가 있으신가요?

전통 가구를 한다고 해서 무작정 옛것만 흉내 내는 것은 아닙니다. 전통을 복원하지만 어떤 나무를 앉힐 것인지 고민하는 과정도 필요하지요. 그래서 나무를 고르는 작업이 정말 중요해요. 전통 가구에서 나름의 특색이 느껴지는 이유는 만든 이가 저마다 다른 나무를 선택하기 때문입니다. 결국 만든 이에 따라 나무의 종류도 달라지고 가구의 묘미도 달라지는 것이지요. 그런 의미에서 볼 때 일반적으로 가장 좋은 나무는 갈라지지 않고 고유의 문양이 잘 나타나는 것입니다.

Q. 좋은 나무를 얻기 위해서도 많은 발품과 노력이 들 수밖에 없겠네요.

300만 원 전세에 살던 시절이 있습니다. 그런데 빚을 내 350만 원짜리 나무를 샀어요. 싸다는 유혹에 넘어가 나무를 산 거지요. 근데 정작 베고 나니 쓸 게 없는 거예요. 그 빚을 갚느라 무지 고생을 했습니다.

Q. 전통을 계승한다는 것, 요즘 세대에게는 그리 쉽지만은 않은 일인 것 같습니다.

옛 모습을 그대로 이어가는 것. 답습하고 재현하는 것이 필요합니다. 누구든 해야 하는 일이지요. 과거 소목 방법과 모양을 재현하고, 창조성을 발휘해 우리 전통 가구를 계승해야 합니다. 현존하는 전통 가구는 어두운 색을 띕니다. 세월의 때가 묻어 변색됐기 때문이죠. 하지만 우리의 전통 가구는 원래 밝은색이에요. 인간의 기교가 아닌 자연 그대로가 담긴 가구, 그게 바로 한국 가구입니다. 이런 우리의 가구를 만들어낼 수 있는 기법을 전수해 지금의 문화와 연결 짓는 작업이 필요합니다.

심방 김윤수
"거친 바다. 몰아치는 거센 바람.
생사의 갈림길에 마주 설 때,
신과 만납니다"

거친 바다. 시시때때로 몰아치는 거센 바람. 생사의 갈림길에 마주 서는 것은 제주 사람들의 일상이었습니다. 신들에게 의지하지 않고는 삶을 기약할 수 없었던 제주 사람들은 마을마다 신당을 섬겼습니다. 심방은 굿을 통해서 신과 인간을 이어주는 매개자로 오랜 세월 제주 사람들과 함께해왔습니다.

기원과 축복

삶에 신명을 울리다,
제주의 큰심방 김윤수

제주도, 온 섬을 집어 삼킬 듯, 거센 파도가 휘몰아친다. 한 치 앞을 볼
수 없을 만큼 사나운 비바람. 이곳은 사람들이 살아가기에는 너무나 가
혹하고도 척박한 땅이다. 그럼에도 그곳에 사는 사람들은 그 거친 바다
로 나아갔고, 가녀린 여인들도 생명을 걸고 거친 물속으로 뛰어들었다.
사면이 바다, 거대한 섬에서 물질은 생존을 위해 반드시 필요한 조건이
었다. 그렇게 거센 물살에 몸을 맡겨야 했던 해녀와 어부들의 고된 삶.
그런 삶을 살아가는 제주도의 사람들이 기댈 곳은 오로지 하나 바로 신
뿐이었다.

그들이 가장 믿고 의지하는 신은 제주도의 수많은, 1만 8천에 이르는 신
들 가운데에서도 유독 바람의 신이다. 예로부터 바람과 돌, 여자가 많아
삼다도라 불렸던 이곳에서 바람은 언제나 배를 뒤집고 지붕을 날려버릴
수 있는 공포의 존재에 다름 아니었다. 때문에 그들로서는 그 어떤 신보

다 바람의 신이 필요할 수밖에 없는 것이다. 그런 바람을 관장하는 것이 바로 영등신, 제주도 사람들은 바로 그 영등신에게 잘 보이고 풍어와 안녕을 기원하기 위해 칠머리당 영등굿을 만들었다.

★ 삶의 신명을 울리다

제주도 한라산, 아직 그 정상에는 눈이 소복이 쌓여 있지만 흐르는 물소리는 바야흐로 새봄이 왔음을 알린다. 매서운 겨울을 보낸 섬 곳곳에 생명의 기운이 꿈틀거리고, 새봄을 맞는 희망과 설렘이 넘쳐흐른다. 이제 곧 유채꽃이 피어나기 시작하는 제주의 봄이 찾아올 것이고 그 제주는 온통 노랑의 물결일 것이다.

바로 그때, 입춘이 되면 흥겨운 굿판이 한판 펼쳐진다. 바로 입춘굿이다.

그 입춘굿은 탐라국 때부터 행해졌던 놀이다. 나무로 만든 소인 낭쉐를 몰며 거리를 행진하면 제주는 봄에 대한 반가움과 축제의 흥겨움으로 가득 찬다. 입춘굿은 관과 민이 함께하며, 한 해의 풍요를 기원하는 전도적인 풍농굿이기도 하다.

김윤수 심방은 이 자리의 중심이다. 심방은 제주도의 방언으로, '무당'과 비슷한 의미를 지닌다. 하지만 육지의 무당의 경우, 신 내림에 의해 선택되는 측면이 있다면 제주도의 심방은 상속을 통해 명맥을 이어나가는 일종의 제사장 형태를 띠고 있다. 그런 심방 중에서도 김윤수 심방은 그야말로 심방 중의 심방, 큰심방이다. 제주도에서 예로부터 입춘굿은 큰심방 중의 큰심방인 도황수가 해왔다. 김윤수 심방은 현 제주에서는 당대의 큰심방으로, 이번 입춘굿을 주관하게 된 것이다.

제가 시작되면 수심방 김윤수는 초감제를 올리고 덕담을 잇는다. 그리고 드디어 모든 준비가 끝나고, 굿이 시작된다. 삼석울림으로 김윤수 심방이 제청신도업을 알리자, 해녀회장 등 본주들이 절을 한다. 그리고 하늘의 신들이 무사히 지상으로 내려올 수 있도록, 김윤수 심방은 손춤을 추며 정성을 다해 굿을 진행한다. 그리고 굿을 지켜보는 사람들은 정성을 쏟아 기원하며, 그런 정성을 모아 김윤수 심방은 그들의 마음이 하늘에 닿아 옥황신궁의 문이 열리기를 간절하게 기원한다. 해녀들은 심방을 통해 신들이 기꺼이 내려왔음을 듣게 되면 다시 올 한 해의 풍어와 안녕을 손 모아 기도한다.

* 해학과 연극이 가미된

음력 2월 초하루 강남 천자국에서 제주로 온 바람의 신, 영등신. 영등신

은 보름 동안 머물다, 우도 해안을 통해 제주섬을 떠난다고 알려져 있다. 제주를 떠날 때 영등신은 땅에는 곡식의 씨를, 해변에는 해초의 씨를 던지고 간다. 이처럼 영등신은 매운바람을 몰고 왔지만, 떠날 때는 제주섬에 봄기운을 돋우고 풍요를 뿌린다. 그렇게 영등신이 불어넣고 간 신바람으로 움츠렸던 겨울은 가고, 새날 새봄이 열리는 것이다. 그렇게 제주 사람들에게 희망을 불어넣는 영등신을 대접하기 위한 굿. 풍농, 풍어의 굿이 바로 영등굿이다.

칠머리당 영등굿의 대미를 장식하는 굿은 영감놀이다. 제주의 굿놀이 중 가장 해학적이고 연극적인 굿으로 평가된다. 김윤수 심방이 노래로 영감신을 맞이한 후, 말을 주고받는 질펀한 굿놀이 속에 음식을 정리해 지를 싸고 배방선이 준비된다. 그렇게 되면 칠머리당 영등굿의 막바지 의식,

배방선을 향해 나아가는 것이다.

용왕신이나 바다에서 죽은 영혼들을 대접하는 지드림. 영감신과 제물을 실은 짚배를 바다 멀리 띄워 보내는 배방선을 통해 바람의 신, 영등신을 무사히 떠나보내고, 따스한 봄바람을 기다린다.

이어 굿이 끝나면 심방들은 떡을 나누며 인정을 베푼다. 이처럼 심방들은 제주의 오랜 전통 굿을 담당하며 대를 이어왔다. 이제 그들은 제주의 삶 속에서 없어서는 안 되는 존재. 심방은 굿을 통해 신과 인간을 이어주는 매개자로 오랜 세월 제주 사람들과 함께해왔다.

그리고 거친 바다, 시시때때로 몰아치는 거센 바람. 생사의 갈림길에 마주 서는 것은 제주 사람들의 일상이었다. 신들에게 의지하지 않고는 삶을 기약할 수 없었던 제주 사람들은 마을마다 신당을 섬겼다.

당굿이 열리는 날이면 몸과 마음을 정갈하게 하고 정성을 다해 제물을 올리며 가정의 안녕과 풍요를 기원한다. 신당에서 사람들은 정신적 위안을 얻었고, 심방을 통해 신의 힘에 기대어 살아왔다.

또한 제주의 심방들은 노란 복수초가 피어나는 3월, 꽃샘추위를 몰고 오는 영등신을 맞이하는 굿인 영등환영제를 주관하기도 한다. 역시 초감제로 시작된 영등환영제는 추물공연, 석살림, 산받음 등으로 이루어진다. 이 자리에서도 김윤수 심방은 신명과 정성을 다해 영등신을 맞이한다.

환영제가 끝난 후에는 유교식 제의로 이루어지는 풍어제가 열린다. 풍어제는 제주시 수협에서 주관하는 유교적 제의다. 칠머리당에서 심방과 단골들이 모여 조용하게 치르던 영등환영제와 통합되면서 굿이 끝난 후 유교식 풍어제가 이어지는 식으로 아직까지 전수되고 있다. 영등송별제도

벌이는데 이 기간이 다가오면 해녀들이 물질에 나선다. 제물로 쓸 해산물을 마련하기 위해서다.

영등송별제의 제물로는 문어와 전복, 소라가 쓰인다. 올 한 해 바다에서의 무사고와 풍어를 기원하는 중요한 굿인 만큼 돌레떡도 직접 빚는다. 이뿐이랴, 영등신에게 바칠 종이로 만든 돈, 지전도 정성을 다해 오리고 만든다. 이 영등송별제는 음력 2월 14일에 열린다. 이때는 기메와 당기로 제장을 장식하고 제상을 차린다. 어선주들과 해녀들은 정성을 다해 제물을 진설하며 영등신을 보낼 준비를 한다.

영등신이 제주에 올 때부터 심방을 통해 신을 맞이한 제주 사람들은 신이 제주도 땅을 머무는 동안, 그리고 우도를 통해 제주도를 빠져나갈 때까지 정성을 다해 제를 올리고 풍요를 기원한다. 김윤수 심방은 이들과 신을 연결해 신에게 이들의 마음을 고하고 이들이 만든 정성을 신께 올린다. 주민들과 영등신 사이에 일종의 메신저 역할을 하는 셈이다.

＊ 대를 이어온 부부 심방

열여섯 살, 어린 김윤수 심방은 굿을 배우기 시작했다. 그의 집안은 대대로 무업을 이어왔다. 이러한 집안 분위기 속에서 그 역시 자연스럽게 무업에 뛰어들게 되었으며 20대 후반에 이르러서 본격적으로 심방 일을 시작했다. 그 후 그는 유명한 심방으로 이름을 날리기 시작했으며 같은 심방인 이용옥 심방과 결혼의 연을 맺기도 했다.

앞서 얘기한 대로 제주도의 심방은 세습직이다. 때문에 그의 집안은 대대로 무업을 이어왔다. 그가 본격적으로 무업에 참여하게 된 것은 열세

살 때 심방이었던 큰아버지가 돌아가신 후부터다. 어린 김윤수는 그때부터 이유 없이 아팠는데, 심방 일을 배우면서 거짓말처럼 병이 나았다고 한다. 그리고 지금에 이르러서는 4대째 심방 일을 잇고 있는 것이다.

그가 칠머리당 영등굿의 예능보유자가 된 것은 지난 90년 세상을 떠난 스승, 안사인 심방과의 인연 때문이었다. 안사인 심방은 20대 후반, 이름을 날리고 있던 그에게 칠머리당 영등굿을 함께 하자고 권했고, 김윤수 심방은 그 뜻을 이어받아 지켜오고 있다. 국가 지정 중요무형문화재인 칠머리당 영등굿은 많은 언론 매체와 학자들의 관심도 끌고 있다. 영등의 계절에 열리는 당굿이자 영등굿. 제주의 대표적 굿으로 칠머리당 영등굿은 독특한 형식과 가치가 인정돼 지난 2009년 유네스코 세계무형문화유산으로 등재됐기 때문이다.

그러나 그 전까지 김윤수 심방의 길이 순탄했던 것이 아니다. 50여 년을 걸어온 심방의 길은 사람들을 웃기고 울리는 영험한 길이었지만 그 어느 길보다 험난하고 고달픈 가시밭길이기도 했다. '무당'이라는 천대, 영등 굿이 '미신'이라는 천대 속에서 겪어야 했던 한과 아픔은 그를 너무나 힘들게 만들었다. 때문에 50여 년 한결같이 걸어온 심방의 삶에는 깊은 설움이 넘쳐흐른다. 그 때문일까? 그의 굿판에는 그 아픔마저 녹여내는 뜨거움이 녹아 있다.

"심방이라고 하면 천하게 보는 사람들도 있었어요. '심방 것들'이라는 말을 많이 들으며 심리적 압박도 많이 받았어요. 때문에 '내가 이런 압박을 받으면서까지 해야 하나…'라는 생각도 했죠. 하지만 또 한편으로는 그런 마음을 찾아가며 더 열심히 하기도 했습니다."

그의 아내인 이용옥 심방, 그녀는 칠머리당 영등굿의 이수자이며 총무이다. 그리고 이용옥 심방은 현재 연구자들의 주목을 받고 있는 영험한 심방이기도 하다. 그녀는 사람들의 설움과 한을 절절하게 풀어내는 '눈물의 심방'으로 평가받고 있기도 하다.

혹독한 삶 속에서 간절하게 의지할 수밖에 없는 해녀들의 염원을 누구보다 잘 아는 이용옥 심방이기에, 그녀는 그들의 절박한 사정을 신이 잘 알아들을 수 있도록 고하는 칠머리당 영등굿을 남편의 뒤를 이어 주관하고 싶어한다. 이는 오랜 세월, 제주의 삶 속에 함께해왔던 심방으로서의 소망이기도 하다.

＊제주 속 심방의 삶

역사의 기록들은 제주 사람들의 삶 속에 심방이 얼마나 깊이 파고들었는
지 보여준다. 조선 숙종 때 이형상 목사가 제주의 각 고을을 돌아본 후
제작한 〈탐라순력도〉에 따르면 이형상 목사는 제주 곳곳에 있는 신당
129곳을 불 지르고 심방 285명을 귀농시켰다고 기록하고 있다. 제주도
의 크기와 인구에 비례해보면, 당시에도 제주 곳곳에는 많은 심방이 활
동하고 있었고 신당도 제주 전역에 걸쳐 분포되어 있었음을 알 수 있다.
김정의 〈제주 풍토록〉에는 '(제주도)사람이 병이 나면 귀신이 노여워한
때문이라고 하고 약 쓰기를 두려워한다'고 기록돼 있다. 제주 사람들은
아플 때나 괴로울 때 심방을 찾았고 이는 제주도에서 심방이 어떤 존재
인지, 그 의미를 고스란히 전해주는 대목이라고 볼 수 있다.

심방은 때문에 커다란 제사를 지낼 뿐 아니라 일반 무당처럼 개인 집에서 성주풀이 굿을 벌이기도 한다. 성주풀이란 새 집을 짓고 나서 벌이는 굿인데, 아직까지 제주 사람들이 이사를 하면 심방을 찾곤 한다. 이처럼 생활 곳곳에서 제주의 사람들은 여전히 굿을 하며 신에게 의지하고 심방을 필요로 한다.

"집을 지을 때 나무에 나쁜 기운이 들지 않도록 하기 위해 성주풀이를 해요. 목수를 청해 도끼를 들어 나무마다 도끼로 찍어요. 그렇게 해서 살기를 내보내는 겁니다."

물론 성주풀이가 제주에만 있는 특이한 굿은 아니지만 제주 성주풀이는

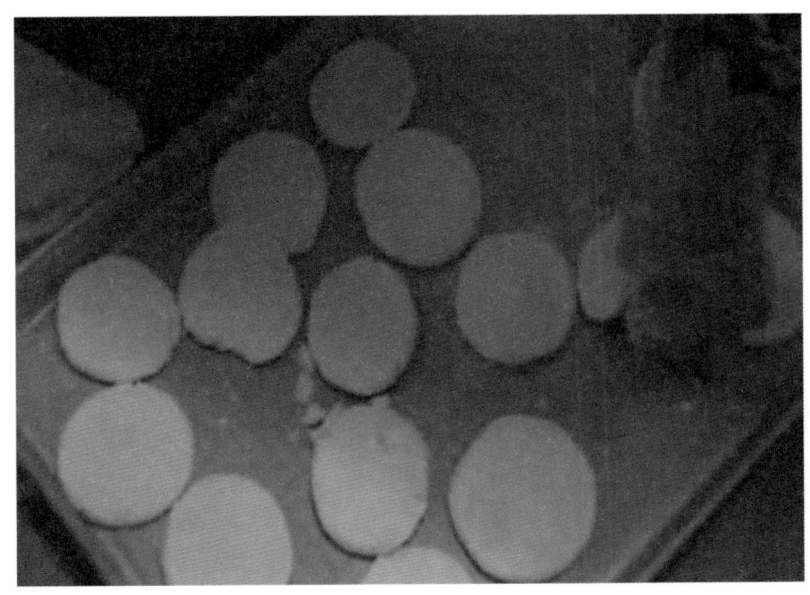

제주라는 지역이 지닌 특성을 가지고 있다. 심방이 천문과 산판, 신칼을 통해 신을 받고, 조상의 소리로 집안의 내력을 풀어내는 신통한 정화의 과정도 제주도의 굿의 특징, 그중 하나다

물론 요즘 같은 세상에서 집안 떠들썩하게 큰 굿을 벌이는 일이 쉽지는 않다. 하지만 제주도 사람들은 현대에도 심방을 빌려 굿을 하고, 신의 가호 속에 함께해야 비로소 마음이 놓인다. 그리고 수많은 세월이 흘러도 신에게 기대려는 제주 사람들의 믿음이 아직까지 이어지고 있다. 그들의 고난과 역경을 풀어내려는 심방, 특히 김윤수 심방은 그들에게 편안한 상담자이자, 신과 소통하게 하는 유능한 변호사로서의 역할을 하는 셈이다.

유네스코 세계무형문화유산, 제주 칠머리당 영등굿의 본산지. 그곳에는 보존 전수회관이 있다. 그리고 이곳에서 매주 수요일 칠머리당 영등굿의 전수 교육이 이루어진다. 칠머리당 영등굿은 제주 굿의 특징과 형태를 담고 있는 매우 중요하고 대표적인 굿이다. 때문에 이곳은 굿을 제대로 배우고자 하는 심방들에게 그야말로 좋은 교육의 장이다.

수업은 매주 수요일 이뤄지고 있다. 대체로 이 과정에서 김윤수 심방은 조교가 교육하는 동안에는 절대 간섭하지 않는데 다만, 전수가 끝난 후 부족하다고 느껴지는 부분이 있으면 보충하고 굿에 대한 이론적인 설명도 한다.

그 과정에서 김 심방은 춤을 추는 동작부터 연물을 치는 법, 칠머리당 영

등굿의 모든 과정을 엄격하게 전달한다. 자신의 한 마디 한 마디가 점차 사라져가는 영등굿과 심방의 맥을 잇기라도 할 것처럼, 이 수업을 듣는 보존회 회원은 40여 명, 이들 전수자들은 이 때문에 김윤수 심방의 한 마디 한 마디를 새겨듣는다. 이들에게 김윤수 심방은 그야말로 부모와도 같다.

그러나 예로부터 제주의 굿을 배우는 장소는 현장. 김윤수도, 그의 아내도 굿판을 따라다니며 현장에서 소무나 악사로 활동하며 배웠다. 연물을 잘 치거나 굿을 잘하는 선생님들을 보며 어깨너머로 배웠다. 예전처럼 굿 현장이 많지 않고, 심방 자체도 서서히 사라지고 있는 요즘이기에 김윤수 심방은 전수 교육에 더욱 열정을 가지고 있다.

그는 전수관에서 실질적인 굿처럼 판을 짜서 전수생들에게 현장 교육을

한다. 이를 통해서 회원들은 모두가 굿을 하면서 서로 배우고 또 실력을 가늠해보는 장이 된다. 그가 전수생을 받을 때는 나름의 철칙이 있는데, 제주 출신이 아닌 사람은 절대 받지 않는 것, 그 이유는 제주의 굿은 제주어로 해야 하는데 육지에서 온 사람은 그것이 어렵기 때문이다. 하지만 빠르게 변화하는 현대화의 흐름 속에서 심방도 점점 사라져가고 있는 현실 속에서 이 철칙이 언제까지 유지될지는 미지수다.

★ 외국인들과 한바탕 어우러지다

김윤수 심방의 칠머리당 영등굿은 해외에서도 전파되고 있다. 칠머리당 영등굿은 춤과 노래, 악기가 함께하는 종합 예술이기 때문에, 언제나 보존회관에는 학자나 학생들의 견학이나 체험이 자주 이루어지며 외국인

들의 관심도 높다. 특히 최근에는 일본 센다이대학 대학원생들이 견학을 오기도 했다. 일본인들은 우리 제주의 전통문화와 김윤수 심방을 어떻게 보았을까? 궁금해지지 않을 수 없다.

김윤수 심방이 직접 일본을 찾아간 일도 있었다. 제주도가 탐라문화제 50주년을 맞아 동경과 오사카의 재일 교포들을 찾은 것이다. 첫 공연지는 동경 니시아라이 문화홀. 해외로 찾아가는 탐라문화제 행사로 다양한 제주 문화 공연 속에 가장 제주적인 전통문화를 보여줄 제주 칠머리당 영등굿 보존회가 참여하는 것은 당연한 일이다.

그렇게 떠난 일본 공연, 그러나 첫 해외 공연에 나선 김윤수 심방의 목소리에는 긴장이 묻어난다. 제장이 될 무대가 제대로 준비되지 못한 만큼 어려움이 많다. 어디에서든 그는 단순한 공연자가 아닌 영등신을 섬기는

칠머리당 영등굿의 수심방임을 먼저 생각한다. 그렇게 마음을 먹자 조금씩 긴장이 가라앉기 시작한다. 그리고 어느새 관객들이 입장하고 객석이 채워졌다. 재일 교포들은 물론 많은 일본 관객들도 함께한 자리였다.

먼저 제주도 무형문화재 제15호로 지정된 제주 불교의식 공연단의 무대가 펼쳐졌다. 이 밖에도 극단 가람의 뮤지컬, 제주 국악협회의 구성진 소리까지 제주의 전통문화를 보여주는 무대는 다양하게 이어졌다. 고향을 그리며 살아온 재일 교포들에게는 오랜만에 고향의 문화예술을 만날 수 있는 의미 있는 무대였다. 오랜 세월 고향을 떠나 있어도, 고향의 전통문화는 자부심을 심어줬고 제주인을 느끼게 하는 힘이다.

그리고 드디어 삼석울림과 함께 칠머리당 영등굿이 시작된다. 관객들 앞에서 큰절을 한 김윤수 심방은 무대를 제장으로 삼아 정성을 다한다. 곧

영등신을 위한 굿판이 벌어진다. 연물 장단에 맞춰 김윤수 심방이 신명을 다해 춤을 춘다. 한 석의 굿이 끝나고 서우젯 소리와 함께 관객들과 심방들이 함께 어우러져간다. 생전 처음 보는 광경에도 일본인들 역시 함께 어우러져간다. 칠머리당 영등굿을 비롯한 제주도의 굿은, 단순히 심방 혼자만의 일이 아니다. 심방을 매개로 모두가 함께 어우러지며 삶의 고단을 풀어내고, 마음의 평안을 얻는 것이다.

외국인들도 함께 어우러질 수 있는 자리, 열여섯부터 무려 50여 년 심방의 외길을 걸어온 고된 인생이었지만 이러한 순간에는 김윤수 심방도 스스로가 대견하고 뿌듯해질 수밖에 없다. 칠머리당 영등굿의 예능 보유자이자 제주굿판의 큰심방으로, 그는 최선을 다해 신명을 펼쳐냈고 앞으로도 그 신명을 마음껏 뽐낼 것이다.

* 사라져가는 심방을 지켜라

"시간이 지날수록 해녀의 수도, 선주의 수도 줄어들게 돼 있습니다. 나이가 들면 세상을 떠나잖아요. 그렇게 되면 10년, 20년, 30년 후면 지금보다 훨씬 더 많이 줄어들 거예요. 당연히 우리 영등굿도 협소해질 수밖에 없습니다. 때문에 제주도민은 물론 학생들이 영등굿을 많이 연구하고 사랑해주는 게 저의 바람입니다."

제주 고유의 전통을 지키며 살아오는 김윤수 심방이지만 주변의 상황은 달라지고 있다. 이제 과거처럼 신들에 의지해 삶을 이어갔던 제주 사람들의 생활은 달라졌다. 이제 바람에 삶의 터전이 송두리째 날아갈 일도

없고, 바람에 목숨이 달렸던 해녀들의 수도 급격하게 줄어들고 있다. 모든 전통이 그러하듯 현대화 속에 제주의 굿도 점차 사라지고 있다. 그러한 상황에서 김윤수 심방은 앞으로 칠머리당 영등굿을 어떻게 지켜나가야 할지, 심각한 고민에 빠져 있다.

먼 옛날부터 매서운 바람과 함께 찾아오는 영등신을 맞이하고 잘 대접해 보내며 풍어와 안녕을 기원하는 굿. 유구하게 이어져온 칠머리당 영등굿에 단순히 제사로서의 의미뿐 아니라 또 하나의 중요한 의미가 담겨 있기 때문이다. 세상이 이루어진 내력을 풀어내는 베포도업은 물론 날과 국섬김, 연유닦음. 칠머리당 영등굿에서 심방들이 풀어내는 모든 말은 완벽한 제주어로 이루어졌다. 제주 방언들이 조금씩 사라져가고 있는 상황에서 심방들이 제주어 보존자가 되어온 셈이다. 심방들과 제주의 문화

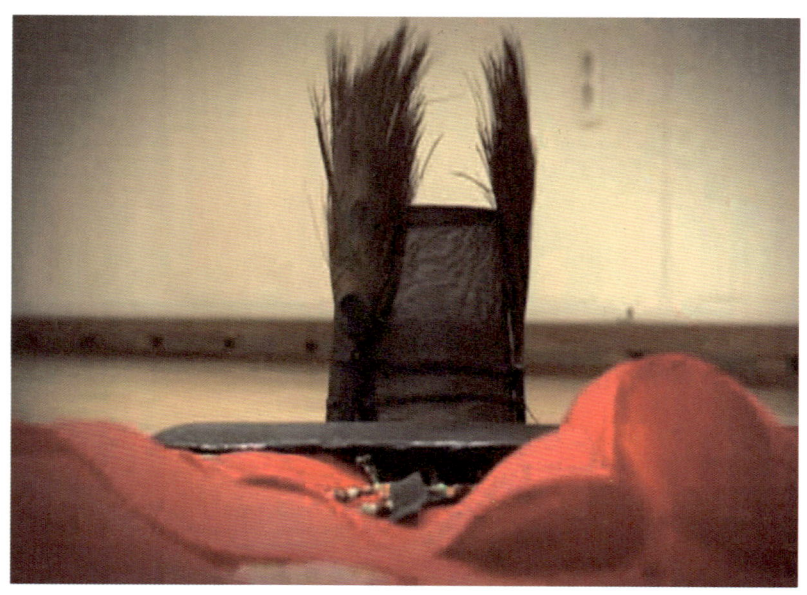

유산들이 사라지면 독특한 멋을 갖고 있는 제주의 방언들도 언제 사라져 버릴지 알 수 없는 위기 상태에 놓이게 된다.

칠머리당 영등굿은 다른 지방의 굿과는 다른 특징과 멋을 가지고 있다. 굿을 치르는 본향당인 칠머리당의 남신은 도원수 감찰지방관이 되고 김윤수 심방은 활 쏘는 모양으로 장수가 되어 감찰지방관의 위용을 형상화한다. 이 과정에서 심방은 가장 격렬하게 굿을 하는데, 이는 일반 영등굿에는 없는 의례다. 제주도에서만 내려오는 칠머리당 영등굿의 특징인 것이다.

* 꽃피는 봄이 오면

또다시 음력 2월이 오면, 제주 사람들은 바람의 신, 영등신을 맞이할 준비를 할 것이다. 제주도 사람들은 오랜 시간 동안 그렇게 신에 기대 위로를 얻고, 심방을 통해 신과 가까워지면서 가족과 공동체의 평안을 지켜왔기 때문이다.

제주의 굿은 그 행위 자체만으로도 훌륭한 종합 예술이지만 제주도 사람들을 지켜온 굳건한 신앙이기도 하다. 그리고 오랜 시간이 지나면서 제주의 굿은 많은 제주 전통문화의 뿌리가 되기도 했다.

제주의 굿은 마을 공동체적 가치 외에도 민속학적인 가치가 높다. 미신타파의 흐름 속에 빠르게 사라져버린 한국 무속의 원형이 유독 제주에 많이 남아 있는 이유다. 그리고 바로 그것이 그 독특함과 독자성으로 국내 민속학자뿐 아니라 전 세계 무속 연구자들과 언론으로부터 집중적인 조명을 받고 있는 원인이 된다.

심방은 그 속에서 제주 사람들의 삶을 지켜온 사제이자, 치유자가 된다. 김윤수 심방은 무려 50여 년의 세월 동안 꿋꿋이 혼신의 힘을 다해 그 길을 지켜왔다. 독특하고 독자적인 제주의 굿이 그 험난한 세월 속에서도 지금까지 이어진 것은 김윤수 심방처럼 혼신의 힘을 기울여 심방의 길을 걸어온 이들이 있었기에 가능했다.

이제 50여 년 세월, 신과 제주 사람들의 영매자로 무속 예술인으로 쉬지 않고 열정을 다해 걸어온 김윤수 심방. 그의 길은 심방의 전통은 물론 제주도의 말, 제주 문화의 뿌리를 지키는 길이기도 했다. 큰심방 김윤수, 그는 제주 전통문화의 힘을 대표하는 명인 중의 명인이다.

제주 칠머리당 영등굿 개요

음력 2월 14일, 제주 칠머리당 영등굿 송별제가 펼쳐진다. 환영제와 달리 이날 굿은 어업 관계자와 해녀, 그 밖의 신앙을 가진 사람들이 많이 모인 가운데 하루 종일 큰 굿으로 치른다.

굿의 순서는 다음과 같다.

■ 초감제 : 모든 신을 불러 굿에 참가한 집안의 행운을 비는 의식
■ 본향들이 : 본향당신을 불러 마을의 평안을 비는 과정으로 다음과 같이 이어진다.
· '오리정 신청궤' (쌀을 뿌리며 오리 밖까지 나가서 신들을 청해 들이는 행위)

· '팔찌거리 묶음' (심방이 가장 격렬하고 엄숙한 장면으로 본향당신의 역할을 하기 위해 소품을 이용해 즉흥적인 분장을 하고 '폴찌거리' 하는 행위)

· '우봉지주잔 던짐 ' (윗부분을 봉한 술병을 던지며 본향당신을 따라온 잡귀를 대접하는 행위)

· '본향 들어옴' (본향당신이 들어오는 행위)

■ 석살림: 향과 술을 신에게 권하고 노래와 춤으로 신을 즐겁게 하며 바라는 바를 신에게 기원하는 과정

■ 용왕맞이: 용왕신과 영등신이 오시는 길을 닦아 맞이하고 어부와 해녀의 안전을 비는 과정

■ 씨드림: 해녀가 바다에서 잡은 것들의 씨를 다시 바다에 뿌리는 과정

■ 도액막음: 마을 전체의 액운을 막는 과정

■ 영감놀이: 풍어를 기원하거나 치병을 기원하며 흥겨움을 더하는 과정

■ 배방선: 제물을 가득 실은 배에 영등신을 태워 본국으로 보내는 과정

■ 지드림: 바다의 용왕신이나 바다에서 죽은 영혼들에게 제물을 백지에 싸서 던져 대접하는 과정으로 제물을 백지에 싸는 것을 '지싼다'라고 표현

■ 도진: 평복 차림의 심방이 북장단에 맞춰 굿에서 제를 지낸 순서대로 모든 신들을 돌려세워 원래의 자리로 보내는 재차

1문 1답

Q. 어린 시절 심방의 길로 들어서기가 쉽지만은 않았을 것 같습니다.
굿판을 이끄는 신과 인간의 매개자가 심방이죠. 심방으로 산다는 것 자

체가 결코 쉬운 일이 아니에요. 더군다나 제가 굿에 입문한 나이가 16살입니다. 사춘기를 맞이한 어린 나이였어요. 무속을 가업으로 이어왔던터라, 어린 시절부터 굿을 가까이에서 보고 익혔습니다. 하지만 진짜 심방의 길을 간다는 것은 쉽지 않았습니다. 갈등과 방황의 시간들이 저의사춘기와 고스란히 함께할 수밖에 없었습니다. 더군다나 심방이라는 것이 제 자신의 의지대로 바꿀 수 있는 일도 아니었기에 더 힘들었죠. 하지만 그 같은 시간을 견뎌냈기에 50여 년 한길을 걸어올 수 있었습니다.

Q. 굿을 배울 당시 난관이나 포기하고 싶을 때는 없었나요?

어릴 시절 배울 때 그런 일이 있었습니다. 19살 때, 제주시 한림읍의 한가정집에서 굿을 하는데 돌을 던지며 놀리는 동네 젊은이들이 있었어요. 화가 나 두들겨 패주고 줄행랑을 쳤죠. 어린 마음에 천대받으면서까지 굿을 해야 하는지에 대한 의문이 들었거든요. 이에 곧바로 서울로 올라가 방황을 하다 몸이 아프기 시작한 거예요. 하는 수 없이 다시 제주도로내려와 굿을 하러 다녔습니다. 이 외에도 새마을운동이 시작되며 '미신타파' 명목으로 굿이 제한됐어요. 사람들의 눈을 피해 굴속에서 굿을 하기도 했습니다.

Q. 영등굿과 다른 굿들과의 차이점이 있다면.

제주굿은 상당히 힘이 듭니다. 육지 악기하고 제주 악기하고 때리는 방식이 달라요. 굿할 때 사설이나 노래도 전부 제주도 말로 합니다. 때문에 배우는 것 자체가 너무 어려워요. 육지에서 보살들이 제주굿을 배우기위해 오기도 해요. 하지만 제주 말을 하지 못하기 때문에 불가능합니다. 제주 말을 배우려면 적어도 제주도에서 10~20년가량은 살아야 하기 때문이죠. 결국 돌려보낼 수밖에 없어요.

Q. 앞으로의 계획이 있으시다면.

영등굿 보존을 위해 힘쓰고 싶습니다. 제주도의 전통적인 민속신앙을 전
세계에 널리 알릴 수 있는 여건을 만드는 것이 우선이 될 것 같습니다.
갈수록 젊은 심방이 줄어들고 있어요. 전승하려는 사람이 없어요. 힘든
길인 걸 너무도 잘 아는 거죠. 더 많은 제자를 길러내고 영등굿이 보존될
수 있도록 하는 것이 제 역할입니다.